RHEOLOGICAL CHARACTERIZATION AND PHASE FIELD METHOD OF
ROAD POLYMER MODIFIED ASPHALT

道路聚合物改性沥青流变学表征与相场方法

梁明　辛雪　姚占勇　汪浩　范维玉　著

人民交通出版社股份有限公司
北京

内容提要

本书是一本论述聚合物改性沥青材料利用理论与方法的学术专著,主要阐述了路用聚合物改性沥青的研究现状、沥青流变模型、热塑性弹性体改性沥青的流变特征及微观相态、塑性体改性沥青的流变特征及微观相态、基于流变方法的聚合物改性沥青相容性和稳定性、相场方法在道路沥青中的研究进展,以及基于相场理论的改性沥青微观结构演变、相分离和稳定性模拟研究。书中纳入国内外关于道路聚合物改性沥青流变性能、流变表征与相场方法的最新研究成果,内容丰富、图文并茂,具备一定的系统性、先进性与实用性。

本书是路用沥青材料方向的专业图书,适合道路工程、道路养护、路基路面工程等道路与交通工程相关专业的师生阅读,也可供从事相关工作的工程技术人员参考。

图书在版编目(CIP)数据

道路聚合物改性沥青流变学表征与相场方法 / 梁明等著.—北京:人民交通出版社股份有限公司,2023.12
ISBN 978-7-114-19227-2

Ⅰ.①道… Ⅱ.①梁… Ⅲ.①道路工程—聚合物—改性沥青—流变学—研究 Ⅳ.①U414

中国国家版本馆 CIP 数据核字(2023)第 244354 号

Daolu Juhewu Gaixing Liqing Liubianxue Biaozheng yu Xiangchang Fangfa

书　　名:	**道路聚合物改性沥青流变学表征与相场方法**
著 作 者:	梁　明　辛　雪　姚占勇　汪　浩　范维玉
责任编辑:	张　晓
责任校对:	赵嫒嫒
责任印制:	刘高彤
出版发行:	人民交通出版社股份有限公司
地　　址:	(100011)北京市朝阳区安定门外外馆斜街 3 号
网　　址:	http://www.ccpcl.com.cn
销售电话:	(010)59757973
总 经 销:	人民交通出版社股份有限公司发行部
经　　销:	各地新华书店
印　　刷:	北京建宏印刷有限公司
开　　本:	787×1092　1/16
印　　张:	10
字　　数:	208 千
版　　次:	2023 年 12 月　第 1 版
印　　次:	2023 年 12 月　第 1 次印刷
书　　号:	ISBN 978-7-114-19227-2
定　　价:	78.00 元

(有印刷、装订质量问题的图书,由本公司负责调换)

FOREWORD 前言

2019年，党的十九大报告提出建设交通强国。中共中央、国务院先后印发《交通强国建设纲要》与《国家综合立体交通网规划纲要》，为加快建设交通强国明确了顶层设计。当前，我国已建成全球最大的高速铁路网、高速公路网和世界级的港口群。截至2022年底，我国公路的总里程已达到535.48万km，形成了以高速公路为骨架、普通干线为脉络、农村公路为基础的全国公路网。随着公路建设规模的不断发展，人们对路面的功能和使用品质提出了更高的要求，铺筑路面的主流材料已经从土、石、水泥材料转向了沥青材料。传统的沥青路面的缺点是温度敏感性较高，夏季强度下降，若控制不好会使路面发软泛油，冬季低温时沥青材料变脆可能引起路面开裂。为了解决这些问题，人们通过对沥青进行改性以提高沥青的耐久性、高温稳定性等，从而使沥青路面的功能和使用品质得到较大的提升。

本书系统地阐述了路用聚合物改性沥青流变学表征与相场方法，通过目前常用的路用聚合物改性沥青（SBS、PE、EVA、胶粉）流变特性及微观相态的试验研究，来测定改性后沥青在道路实际应用中的效果，分析和总结这几种改性沥青的优缺点。除传统研究之外，本书还创新性地基于流变方法探究聚合物改性沥青的相容性和稳定性，以及相场理论来模拟研究改性沥青微观结构演变、相分离和稳定性。本书的主要研究资料来源于作者团队近年来的研究成果，也包含国内外本行业的研究现状。

全书共分为7章。第1章为绪论，阐述了研究背景和研究意义，介绍了国内外聚合物改性沥青及沥青流变学的应用和发展，综合分析了国内外聚合物改性沥青对路面路用性能、社会发展、自然环境、施工经济等方面的影响。第2章为沥青流变模型，阐述了3个非线性多变量模型、13个代数经验方程及4个力学元件方法，并对这些模型的表达式、适用范围及优缺点作了详细介绍。第3章为热塑性弹性体改性沥青的流变特性及微观相态，本章阐述了SBS改性沥青嵌段比对沥青特性的影响，通过设计试验得到了黏弹参数对频率、温度的依赖性，并利用时-温等效原理对活化能等进行计算，分析了不同的S/B结构对改性沥青黏弹性的影响规律及原因。第4章为塑性体改性沥青的流变特性及微观相态，对于PE改性沥青，从聚合物PE分子结构角度，阐述了利用动态剪切流变仪（DSR）和弯曲梁流变仪

（BBR）研究 PE 分子结构对改性沥青流变性的影响，并优选出了与沥青配伍性好的 PE 结构，同时介绍不同密度的 PE 改性沥青的相态，以及 PE 分子结构与相态、黏弹性的关系。对于 EVA 改性沥青，将 EVA 作为改性剂，以两种油源不同的重交沥青作为基质沥青，分别采用相同的工艺制备改性沥青，然后对样品进行全面的流变学测试，包括动态频率扫描、温度扫描、黏流测试、应力松弛、多应力重复蠕变（MSCR）和低温蠕变试验，深入研究 EVA 改性沥青的流变特性及微观相态。第 5 章为基于流变方法的聚合物改性沥青相容性和稳定性研究，阐述了利用动态剪切流变仪测得的黏弹性参数（储存模量、损失模量、相位角和动剪切黏度等）构建多变量黏弹性参数图，建立判定聚合物/沥青多相体系相容性的流变学方法，对流变学谱图判定聚合物/沥青相容性的灵敏度和适用性进行研究，优选适用性好、灵敏度高的方法，并利用该方法分析聚合物分子结构对聚合物/沥青多相体系相容性的影响。第 6 章为相场方法在道路沥青中的研究进展，阐述了相场理论的基本概念、基于相场理论在沥青自愈合与断裂行为中的应用。第 7 章为基于相场理论的改性沥青微观结构演变、相分离和稳定性模拟研究，阐述了利用建立模型的方法模拟了 SBS、PE 和 EVA 改性沥青热储存过程中的相态结构变化，通过模拟数据与试验数据对比来分析聚合物结构对相分离和稳定性的影响。

  本书由梁明研究员组织编写，参与本书写作的有梁明（前言、第 2 章、第 4 章）、辛雪（第 5 章、第 6 章）、姚占勇（第 1 章）、汪浩（第 7 章）、范维玉（第 3 章），全书由梁明负责统稿。

  本书在编写过程中得到了张吉哲、蒋红光、姚凯等教授的支持与帮助，在此一并致谢。限于作者的学识水平和实践经验，书中难免有疏漏和错误之处，恳请读者批评指正。

作　者
2023 年 08 月 03 日

CONTENTS 目录

第 1 章　绪论 …………………………………………………………………… 001

  1.1　引言 ……………………………………………………………………… 001
  1.2　国内外研究现状 ………………………………………………………… 002
  1.3　本书主要内容 …………………………………………………………… 013

第 2 章　沥青流变模型 ………………………………………………………… 015

  2.1　非线性多变量模型 ……………………………………………………… 015
  2.2　经验代数方程 …………………………………………………………… 022
  2.3　力学元件模型 …………………………………………………………… 035
  2.4　本章小结 ………………………………………………………………… 038

第 3 章　热塑性弹性体改性沥青的流变特性及微观相态 …………………… 039

  3.1　路用 SBS 改性沥青的流变特征及微观相态 ………………………… 039
  3.2　路用胶粉改性沥青的流变特性及微观相态 ………………………… 052
  3.3　本章小结 ………………………………………………………………… 064

第 4 章　塑性体改性沥青的流变特性及微观相态 …………………………… 065

  4.1　路用 PE 改性沥青的流变特性及微观相态 ………………………… 065
  4.2　路用 EVA 改性沥青的流变特性及微观相态 ………………………… 076
  4.3　本章小结 ………………………………………………………………… 090

第 5 章　基于流变方法的聚合物改性沥青相容性和稳定性研究 …………… 093

  5.1　黏弹曲线与相容性的关联关系 ………………………………………… 093

5.2　聚合物分子结构对改性沥青相容性的影响 ⋯⋯⋯⋯⋯⋯⋯⋯⋯⋯⋯ 103
　　5.3　基于流变方法的改性沥青的储存稳定性研究 ⋯⋯⋯⋯⋯⋯⋯⋯⋯⋯ 107
　　5.4　本章小结 ⋯⋯⋯⋯⋯⋯⋯⋯⋯⋯⋯⋯⋯⋯⋯⋯⋯⋯⋯⋯⋯⋯⋯⋯ 113

第 6 章　相场方法在道路沥青中的研究进展 ⋯⋯⋯⋯⋯⋯⋯⋯⋯⋯⋯⋯⋯ 115
　　6.1　相场理论 ⋯⋯⋯⋯⋯⋯⋯⋯⋯⋯⋯⋯⋯⋯⋯⋯⋯⋯⋯⋯⋯⋯⋯⋯ 115
　　6.2　基于相场理论的沥青自愈合研究 ⋯⋯⋯⋯⋯⋯⋯⋯⋯⋯⋯⋯⋯⋯ 118
　　6.3　相场理论在沥青断裂行为中的应用 ⋯⋯⋯⋯⋯⋯⋯⋯⋯⋯⋯⋯⋯ 119
　　6.4　本章小结 ⋯⋯⋯⋯⋯⋯⋯⋯⋯⋯⋯⋯⋯⋯⋯⋯⋯⋯⋯⋯⋯⋯⋯⋯ 120

第 7 章　基于相场理论的改性沥青微观结构演变、相分离和稳定性
　　　　　模拟研究 ⋯⋯⋯⋯⋯⋯⋯⋯⋯⋯⋯⋯⋯⋯⋯⋯⋯⋯⋯⋯⋯⋯⋯ 121
　　7.1　聚合物改性沥青多相体系相场模型的建模 ⋯⋯⋯⋯⋯⋯⋯⋯⋯⋯ 121
　　7.2　模拟结果和试验结果的比对及模型参数校正 ⋯⋯⋯⋯⋯⋯⋯⋯⋯ 126
　　7.3　基于耦合 Navier-Stokes 方程相场理论的改性沥青储存稳定性研究 ⋯⋯ 137
　　7.4　本章小结 ⋯⋯⋯⋯⋯⋯⋯⋯⋯⋯⋯⋯⋯⋯⋯⋯⋯⋯⋯⋯⋯⋯⋯⋯ 145

参考文献 ⋯⋯⋯⋯⋯⋯⋯⋯⋯⋯⋯⋯⋯⋯⋯⋯⋯⋯⋯⋯⋯⋯⋯⋯⋯⋯⋯⋯ 147

第 1 章

绪论

1.1 引言

流变学是研究具有依时依温性材料的流动和变形的科学,广义的沥青流变学定义为表征沥青流动和变形的科学,包括一系列的沥青黏弹性指标的测定和计算。在流变学范畴下,沥青是典型的热黏弹性材料,在不同温度下对沥青施加不同荷载会显现不同的黏弹性能。我国沥青路面所处的温度范围很大,在夏季我国很多地区的路面温度可达 70℃,而北方严寒地区冬季路面温度可降至 −40℃,而沥青在加工、拌和过程中的温度接近 200℃。沥青路面在受到温度变化影响和车辆荷载作用时其黏弹性的差异也很大,在夏季,在高速行驶的汽车荷载作用下,可以认为沥青呈现黏弹性质,而在严寒的冬季,缓慢的温度收缩体现了沥青的黏性流动性质。研究表明,沥青路面的车辙、疲劳、开裂等破坏问题都与沥青及沥青混合料的流变性、黏弹性直接相关,因此研究沥青的流变学是解决路面病害及提高沥青材料性能的根本途径。

如今,由原油蒸馏及氧化得到的石油沥青难以满足路面严苛的使用要求,为此发展出了聚合物改性沥青。聚合物改性沥青是在沥青中掺加一种或几种高分子聚合物(SBS、SEBS、PE、EVA 等)得到的;聚合物改性沥青在感温性、耐久性、黏附性、抗老化性等方面都得到一定程度的改善,本质上是聚合物的加入大大改变了沥青的黏弹特性。聚合物改性沥青的流变性质与原基质沥青的性质已经相差甚远,聚合物的结构对改性沥青体系的流变性产生重要的影响。但是目前聚合物改性沥青的研究主要集中在路用性能、改性工艺等方面,并且大多是采用传统的、经验的方法研究聚合物改性沥青的性能,采用流变学方法研究聚合改性沥青黏弹性能的文献较少。此外,聚合物改性剂主要是从市场上已有的产品中选择,并没有根据沥青改性的特点优化聚合物的结构。因此,研究聚合物的结构对改性沥青流变性质的影响,对改性剂的选择与沥青改性专用聚合物的开发具有重要的指导意义。

一方面,由于聚合物和沥青在相对分子量、化学结构、黏度方面都有较大的差别,导致聚合物和沥青在热力学上不相容，聚合物与沥青的相容性对性能有重要的影响。聚合物的化学结构，如分子构型、结晶度、支化度等，是影响相容性的重要因素，聚合物的结构直接关系到聚合物在沥青中的分散、溶胀和性能发挥。聚合物的加入使得体系相态、形态和结构组成极其复杂，现有的研究方法对聚合物与沥青相容性的探测不敏感，导致相容性研究十分困难。所以，建立判定聚合物改性沥青多相体系相容性的流变学方法，进而利用该方法研究聚合物结构对相容性的影响，对推动改性沥青性能的深入研究具有重要作用。

另一方面，聚合物与沥青相容性的好坏直接影响到改性沥青的储存稳定性，而储存稳定性是改性沥青在工程应用中十分关键的问题，其直接决定了沥青路面最终的使用性能。沥青和聚合物的性质差异较大，且两者的性质也会随来源的不同而存在差异，同时聚合物的溶胀及溶胀后聚合物相的相态也不尽相同。因此，一些聚合物和沥青的配伍性较好，相容性好，改性沥青的储存稳定性也较好。然而也有一些聚合物改性沥青存在储存不稳定问题。改性沥青在高温储存和转运过程中，聚合物的离析属于相分离过程，也就是聚合物相从沥青相中分离出来。目前表征储存稳定性的方法有离析试验和荧光显微观测，这两种方法分别测定改性沥青在热存储48h后离析管上下部样品的软化点差及显微图像。通常情况下这些方法是可靠的，因为两者是直接测定和观测相分离的结果。但是这些方法只是宏观相分离的表征，并且试验过程费时，无法获得相分离发生的原因，更重要的是无法追踪相分离的动态过程。

根据以上分析，本书通过研究聚合物改性沥青的流变特性，阐明聚合物结构与改性沥青黏弹性的关系，为沥青改性专用聚合物的选择及生产提供依据；建立评估聚合物/沥青多相体系相容性的流变学方法，提高判断聚合物改性沥青相容性的效率和灵敏度；阐明不同聚合物/沥青多相体系相态结构对应的黏弹性响应；采用数值模拟方法对聚合物改性沥青的相分离过程和储存稳定性进行模拟，以建立追踪探测改性沥青相分离的数学模型。

1.2 国内外研究现状

1.2.1 沥青改性常用聚合物

当前很多聚合物都可以用来对沥青进行改性，通常可以将这些聚合物分成两类：热塑性弹性体和塑性体。以下分别对两类聚合物进行阐述。

（1）热塑性弹性体类聚合物

热塑性弹性体类聚合物是沥青改性最常用的一类聚合物改性剂，其中苯乙烯-丁二烯-苯乙烯嵌段共聚物（Styrene-b-Butadiene-b-Styrene，SBS）是最流行的一种。SBS 又叫热塑性丁苯橡胶，主要成分为苯乙烯-丁乙烯嵌段共聚物，SBS 高分子链具有串联结构的不同嵌段，即塑性段和橡胶段，形成类似合金的组织结构。在剪切作用下，SBS 颗粒被细化和匀化。SBS 分子中的热塑性段部分发生交联形成节点，于基质沥青内部形成一个加劲弹性空间网络结构。沥青黏温性变化的主要原因是加劲结构的形成，沥青仍然作为连续相，通过网络约束来达到改变沥青黏温性的效果，基本不改变基质沥青的性质。所以，在网络约束（固体物为分散相）较少起作用的情况下（如低温开裂），基质沥青的性能起决定性的作用。

许多专家都对 SBS 改性沥青的性能进行了深入的研究，黄卫东等研究了 SBS 改性沥青的显微结构，分析描述了 SBS 在沥青中的混合流程，沥青中的 SBS 分散与溶胀是一个动态平衡过程，并指出 SBS 改性沥青在储存过程中软化点可能会出现不同幅度的降低，改性沥青会有离析情况的发生。孙大权等分析了 SBS 改性沥青热储存稳定性，离析指标满足规范规定，试验表明反应性 SBS 改性沥青的热储存稳定性显著改善，同时其他性能也得到改善。王涛等研究发现 SBS 微粒易吸收沥青组分中的饱和分，SBS 微粒与沥青并不是完全相容的，饱和分对 SBS 的吸附与溶胀是一个动态平衡过程。李双福等论述了 SBS 改性沥青的机理，指出 SBS 与沥青间不存在化学反应，仅仅是简单的分子之间的相互作用。

另外，苯乙烯-异戊二烯-苯乙烯（Styrene-b-Isoprene-b-Styrene，SIS）和苯乙烯-乙烯/丁烯-苯乙烯共聚物（Styrene-Ethylene/Butylene-Styrene，SEBS）也是较常见的热塑性弹性体类改性剂。SIS 具有模量低、弹性好、熔融黏度小等特点，与 SBS 相比，SIS 中间嵌段的聚异戊二烯结构上具有甲基侧链，故其具有良好的黏聚力、优良的黏着性能以及与其他添加物良好的相容性。SIS 现已被广泛应用于压敏胶带和标签纸的生产，但目前其用于改性沥青方面的研究较少。SEBS 是在 SBS 的基础上通过对聚丁二烯加氢，得到的一种乙烯-丁烯共聚物，可将其作为一种新型沥青改性剂。解建光等研究发现，SEBS 改性沥青和改性沥青混合料具有良好的耐候性，与 SBS 改性沥青混合料相比其寿命可以延长 1 倍，可以提高与酸性集料的黏附性。Beckler 等通过采用对 SEBS 接枝马来酸酐的化学方法，改善 SEBS 与沥青的相容性。Bachir 等将流变学应用于 SEBS 聚合物改性沥青（PMB）的性能评价，并与 35/50 渗透级沥青老化前后的性能进行比较，发现 SEBS 的加入提高了沥青胶浆的抗老化性能，降低了复合模量老化指数，提高了沥青混合料的老化性能。国内外大量研究与试验表明，SEBS 改性剂能够有效地改善沥青抗老化性能，延长混合料的使用寿命，但在 SEBS 改性沥青路用性能的综合评价上尚有不足。

众所周知，嵌段共聚物是由两种或多种不同的聚合物分子链以线性嵌接在一起构成的。比如，SBS 的分子链是以聚苯乙烯段为起始端，中间是聚丁二烯段，末端又是聚苯乙烯段。这两个嵌段是不相容的，因此 SBS 在室温下呈两相结构，即结晶的苯乙烯段分布在橡胶态丁二烯段组成的介质中。被柔性的聚丁二烯分子相互连接起来的刚性微区（聚苯乙烯）构成了物理网状结构的节点，这种结构在 SBS 混入沥青后会被保留。SBS 对沥青的改性通常是在高速剪切下将 SBS 打碎分散在沥青中实现的，当样品冷却至室温后，聚苯乙烯的节点会重新聚集形成硬微区，该节点分布在被油分溶胀的聚丁二烯介质中，因此这种空间物理网络结构又重新形成，并将聚合物的弹性性质传递到沥青的整个体系，这使得沥青的性能有了较大的改变。

（2）塑性体类聚合物

作为一类最重要的塑性体，聚烯烃是最早用作沥青改性的聚合物之一。聚烯烃成本较低，有潜在的改性效果，其中常见的有高密度聚乙烯（HDPE）、低密度聚乙烯（LDPE）、线性低密度聚乙烯（LLDPE）、等规聚丙烯（IPP）和无规聚丙烯（APP）。将聚丙烯加入沥青后，它通常会被沥青的轻组分溶胀，并且通过沥青中的连续基体相以及分散聚烯烃相形成比较特别的双相结构。聚烯烃改性沥青的理想结果就是形成两个互锁连续相，它可以改善沥青的弹性、黏合性，使其表现出高刚度和良好的抗车辙性能。聚乙烯（Polyethylene，PE）和聚丙烯（Polypropylene，PP）是该类聚合物的典型代表。

PE 常用于改性沥青的是 LDPE 和 LLDPE，其主要特征是主链含有多种长短不同的支链，分子结构不够规整，在长链上带有较多的烷基侧链和甲基支链，从而成为一种多分支的树枝状结构。正是由于多分支支链排列以及不规整分子结构的存在，才可以大大提高沥青的黏度，降低沥青的感温性能，拓宽其使用阈值范围，从而使改性沥青在较恶劣的环境中仍能发挥较好的服役性能，延长使用寿命，同时节约资源。因此研究聚烯烃改性沥青具有重要的现实意义。

研究表明聚烯烃改性沥青的效果显著。1986 年，Jew P 等发现聚乙烯可以改善沥青的低温抗开裂性能和高温抗车辙性能。2002 年，Mahabir P 等用回收的聚乙烯包装袋改性沥青，结果表明沥青混凝土的弹性模量、疲劳寿命等都得到提高。2008 年，Fuentes-Auden C 等发现 15wt%的聚乙烯能明显改善沥青的流变性能和热性能。有研究人员认为 HDPE 具有 85%～97%的高结晶度，其内部分子链反复折叠、堆积紧密，分子链间的作用力很强，所以溶剂很难进入 HDPE 将其溶胀。而 LDPE 的结晶度为 55%～65%，相对较低，支链多，且分子链间的作用力较低，有利于溶剂进入，从而被溶解，因此有研究人员认为 LDPE 比 HDPE 更适合做沥青改性剂。田建君等认为，改性沥青浇模后，在冷却的过程中线性 LLDPE 上浮造成离析，表现为 LLDPE 对基质沥青的高温稳定性能改善效果明显。但是，因为评价沥青混合料和基质沥青高温稳定性能的差异较大，HDPE 表现出比 LLDPE 更有效的改性效果。并且，在一定范围内，HDPE 改性沥青混合料的高温稳定性随着 HDPE 用量的增加而提高。

聚乙烯（PE）和聚丙烯（PP）的分子结构示意如图 1-1 所示。由于 PE 和 PP 分子链的非极性特征，他们与沥青的相容性较差，并且高度结晶的倾向进一步降低了聚合物与沥青之间的相互作用。相关文献表明 PE、PP 改性沥青是可以用于沥青改性的，但是储存稳定性问题仍然没有得到解决，阻碍了大规模的工程应用。同时，PE 和 PP 在防水卷材中的应用较为广泛，因为动力学影响没有发生相分离。后来的研究发现在聚烯烃的分子主链上引入极性基团可以提高聚合物与沥青的相容性，比较常见的是乙烯-醋酸乙烯共聚物（Ethylene-Vinyl-Acetate，EVA）和乙烯-丁基丙烯酸酯无规共聚物（Ethylene-Butyl Acrylate，EBA）。引入酯基有两方面的好处，一是增加了分子链的极性，二是降低了分子结晶度，这两方面均有利于提高聚合物与沥青的相互作用。

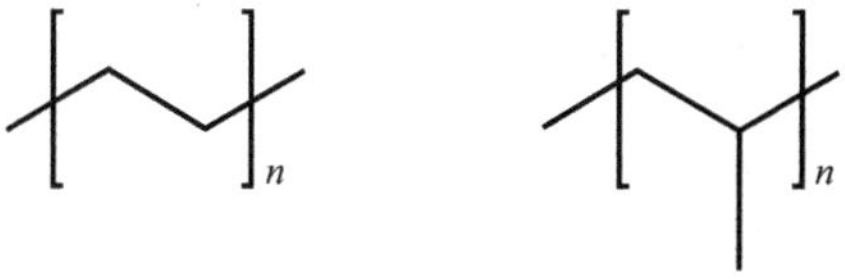

a) 聚乙烯（PE）　　　　　b) 聚丙烯（PP）

图1-1　聚乙烯和聚丙烯分子结构示意图

常见的聚合物改性剂的优缺点见表1-1。

常见的聚合物改性剂的优缺点　　表1-1

类别	代表产品	优点	缺点
热塑性弹性体	SBS、SIS	强度提高； 温度敏感性降低； 弹性性质提高	与部分沥青的相容性问题； 对热、氧化和紫外线敏感； 相对成本较高
热塑性弹性体	SEBS	对热、氧化和紫外线不敏感	储存不稳定； 弹性性质降低； 成本高
塑性体	PE、PP	高温性质较好； 成本低	弹性性质提高有限； 相分离问题
塑性体	EVA、EBA	相对较好的稳定性； 抗车辙能力强	弹性恢复提高有限； 低温性质提高有限

（3）橡胶聚合物改性剂

近年来，人们对环保要求越来越高，而废弃的聚合物由于不易降解等造成一系列环境和健康问题，因此聚合物的回收再利用引起更加广泛的关注，可回收的废弃聚合物包括废塑料、废农业薄膜、废轮胎等。据统计，我国每年报废1400万条汽车轮胎，只有大约50%进行了回收再利用。废轮胎属于橡胶制品，将废轮胎用在沥青改性方面可以大量消耗废轮胎，能很好地解决固体废弃物引发的环境问题，并且可以提高沥青自身的性质。因此废轮胎在沥青中的应用成为近年来研究的热点。回收废轮胎通常是以胶粉的形式应用在沥青改性中，胶粉是废轮胎经机械研磨得到的粉状颗粒。研磨方式分为常温研磨和冷冻研磨。常温研磨得到的胶粉颗粒不规则，表面粗糙，而冷冻研磨的胶粉颗粒形状规则，表面光滑，类似于粉碎的玻璃碴。常温研磨的比表面积大约是冷冻研磨的2倍。

橡胶类沥青改性剂主要有天然橡胶和合成类橡胶［丁苯橡胶（Styrene Butadiene Rubber, SBR）、废橡胶粉］两类，其中SBR改性沥青是由丁二烯和苯乙烯共聚得到的一种聚合物改性沥青，其主要作用是提高沥青的黏性和弹性，减小温度敏感度。

关于SBR这类改性剂的研究时间较早，但由于SBR与基质沥青的共混互溶性差使得此类改性沥青的加工过程较为复杂和困难。为了解决这一问题，李胜杰在SBR中加入蒙脱土（MMT）助剂，以MMT和SBR为原料，制备出更适合在严寒地区使用的MMT/SBR复合改性沥青，经过测试发现MMT/SBR相比于单独使用SBR，很大程度上改善了沥青的低温抗开裂性能和抗老化性能。

此外，废橡胶粉改性沥青可明显地提高其高低温性能，还可增加沥青与石料的黏附力等,成为很受欢迎的沥青改性材料。橡胶粉改性沥青的使用实现了废旧轮胎的回收利用,既节约了能源,也有利于环境保护,因此将废橡胶粉用于沥青改性具有很好的发展前景。美国是最早开始应用橡胶沥青的国家之一,20世纪40年代美国橡胶回收公司首次采用干拌法生产出橡胶粉沥青混合用料,随后在60年代初期,美国的湿拌技术逐渐发展成熟,生产出Over flex TM橡胶沥青混合料,在80年代初期,我国对橡胶粉改性沥青进行了初步的尝试。陈梦等通过废胶粉糠醛抽出油预处理方式和常规方式两种工艺制备出废胶粉改性沥青,并比较了两者的材料性能,结果发现前者比后者表现出更优异的高低温性能和抗老化性能,同时颗粒形貌、粒径分布更加均匀统一。

1.2.2 沥青流变学

在过去的50多年中,大量研究者对沥青的流变学进行了研究。在沥青开始应用在道路之初,沥青的流变性质就引起了行业内较大的研究兴趣,因为沥青的流变性质对沥青的生产、质量控制和应用方面具有重要的影响。实际上早期制定的、简单的沥青测试方法,包括软化点、针入度和针入度指数等,都是沥青流变学的体现,世界上大部分的国家都将这些测试方法编入了国家沥青测试标准中,如ASTM标准(《美国材料实验协会标准》)、中国标准《重交通道路石油沥青》(GB/T 15180)等。从流变学的角度来看,软化点实际上是等黏温度,即黏度约为5000Pa·s时的温度,针入度指数是沥青温度敏感性指标。在沥青的应用过程中,这些经验性的指标和测试方法足以表征基质沥青的性能。但是,随着聚合物改性沥青的出现,这些基于特定条件的试验方法和指标不足以描述改性沥青的流变性。在过去的130多年的时间里,世界上大量的研究者都致力于更好、更准确地描述和理解沥青流变性。直到20世纪初,才有了对沥青流变性重要特征的明确表述,即沥青的流变性是沥青对加载应力、加载时间和温度的敏感度。

第一个尝试测定沥青黏度的研究者是Von Obermayer,早在1877年,Von Obermayer采用三种黏度计,即滑板、平行板和扭转板黏度计来表征沥青的流变性质。1904年,Trouton得到了沥青的应力与剪切黏度的比例关系,以现在的观点来看,他是第一个描述沥青非牛顿流体性质的人。

在Von Obermayer之后,很多研究者开始建立表征沥青非牛顿流体性质的方法。到1950年,表征沥青非牛顿流体性质的试验逐步建立起来并得到了多数研究者的认可。其中值得一提的是,Pfeiffer等成功地将沥青的非牛顿流体性质归结为黏弹性,并且这种黏弹性是由材料的凝胶结构造成的。Pfeiffer观察到的试验现象可以用现代流变学的术语——延迟弹性和非线性黏弹性来表述。

第一个用较为现代的手段描述沥青黏弹性质的研究者是Van der Poel,他将不同温度下测得的静态蠕变数据和动态试验结果结合起来绘制了著名的Van der Poel图表,通过该图表可以用常规的指标(针入度、软化点)得到沥青的模量,该成果于1954年发表。

自Van der Poel之后,很多研究者用类似的方法得到了大量的数据,建立了Heukelom-Klomp

计算图表、Mcleod 图表等，实际上这些结果都是对 Van der Poel 图表的改进和修正，这些计算图表在工程实践中得到了广泛的应用。当时对沥青流变性的表述分为三个温度段，即低温区、高温区和中高温度区。在低温区（低于−20℃），沥青的剪切模量为恒定值，约为 1GPa，此时模量与温度和时间无关，这称为沥青的玻璃态，在此状态下流变仪上测得的相位角为 0°。在高温区（通常在软化点以上，大于 60℃），沥青是一种呈现黏性的牛顿流体，其性质可以用与温度相关的黏度和复数模量通过以下公式表征：

$$\eta_0 \omega = G^*(\omega) \tag{1-1}$$

式中：G^*——复数模量；

   ω——频率，在该状态时沥青的相位角为 90°。在这两种极端性质之间，沥青的力学性质介于弹性固体和黏性液体之间，即呈现所谓的黏弹性；

   η_0——零剪切黏度。

  到 20 世纪 90 年代，对流变学方法在沥青中的应用影响最大的则是美国公路战略研究计划（Strategic Highways Research Program，SHRP）。如果将早期的欧洲测定沥青性质的方法（针入度、环球软化点等）视为经验测试法，那么美国在 SHRP 计划中首次采用了流变学标准来定义沥青的性能，用流变学指标关联路面性能，进而提出了应用于工程实践的指标体系。目前评价沥青胶结料性能的美国标准是 PG 分级（Performance Grades，PG），很多的研究都是在 PG 分级基础上研究沥青的性能，以及不断提出新的指标以改进现在的 PG 标准。PG 分级基本上依赖两种方法：一是在较高温度范围内评估沥青，另一方面在较低温度范围内评价。沥青的 PG 分级表示方法为 PG $H - L$（H 表示高温最大值，L 表示低温最小值），例如 PG 58 − 28 表示最高极限温度为 58℃，最低极限温度为−28℃。最高温度是频率为 10rad/s（1bar = 0.1MPa）时沥青的逆黏性柔量不小于 1kPa 时的最高温度（AASHTO T315）。该测试通常是对未老化的新鲜样品，温度范围从 46~82℃，每 6℃一个间隔。规定该最高温度的原因是高温下偏黏性的沥青使路面存在车辙风险，所以该最高温度可以看成是路面极易出现车辙时的温度。低温等级对应的是加载时间为 10s 时沥青的弯曲蠕变模量不大于 300MPa 时的温度（AASHTO T313）。测试温度范围为−10~−46℃，每间隔 6℃一个等级。低温等级实际上比蠕变试验温度低 10℃。例如，如果样品在−12℃和 60s 时的蠕变柔量为 300MPa^{-1}，则低温等级为−22℃。制定这条规范的出发点是过硬的沥青会增大路面开裂的风险，因此低温等级可以看作是路面极易产生裂缝时的温度。因为沥青老化后车辙和开裂的风险均会增加，所以均应对旋转薄膜烘箱老化（Rolling Thin Film Oven Test，RTFOT）和 PAV（压力老化实验）老化样品进行上述测试。

  SHRP 计划的研究大大推动了流变学在沥青中的应用，在后续的研究中，很多研究主要是基于流变学方法，提出解决工程实际应用的各种沥青及沥青混合料的评价指标，其中，关注度较高的新评价指标和有代表性的研究如下。

  Shenoy 用动态剪切流变仪（Dynamic Shear Rheometer，DSR）分别对沥青和改性沥青的黏弹性进行研究后发现，SHRP 中提出的车辙因子 $G^*/\sin\delta$ 对部分基质沥青和改性沥青的分级存在偏差。因此，Shenoy 提出了评价沥青高温性能的新参数 $G^*/[1 - 1/(\tan\delta \sin\delta)]$，由于复数模量（$G^*$）和相位角（$\delta$）是关于温度（$T$）和频率（$f$）的函数，对应于现实中的路面温度和车辆速度，因此指标参数与不可恢复的变形呈反比例关系。$G^*/[1 - 1/(\tan\delta \sin\delta)]$ 表示的是抵抗永久变形的模量，该指标代替 $G^*/\sin\delta$ 的优点是不改变原 PG 规范值（沥青指标数值，沥青原样大于或等于 1.0kPa，老化沥青大于或等于 2.2kPa）。该指标可以直接作为改性沥青高温性能的评价指标，与原规范接轨，缺点是该指标值受相位角数值范围的限制，当温度较低或是角频率较大时该指标会出现偏差。

另一个比较受关注的指标是动黏度指标 $\eta'@0.01\text{rad/s}$，即用剪切速率为 0.01rad/s 的 η' 作为沥青的高温性能指标。对于旋转薄膜老化后的沥青样品，用 $\eta' = 220\text{Pa·s}$ 时的温度作为高温等级，以代替 PG 规范中的车辙因子。该指标的优点是使用 PG 规范的仪器设备通过较短时间的频率扫描试验得到，无需新的测试设备，且该参数与 PG 规范对沥青的分级保持了一致。

欧洲则提出了零剪切黏度（Zero Shear-limiting-rate Viscosity，ZSV）来表征沥青在高温时抵抗流动变形的能力，以此来评价高温性能。当剪切速率非常小时，沥青在第一牛顿流体区的黏度趋近于常数，ZSV 就是剪切速率趋近于零时黏度的渐近值。长时低频下的频率扫描或者较低剪切速率下的稳态剪切试验可以逐步逼近零剪切黏度。近期改性沥青方向的文献表明，ZSV 可以体现改性沥青抵抗外力加载时的流动变形能力，很好地表征了改性沥青的高温性能。

在瑞典皇家科学院（KTH）等的研究中采用了玻璃化转化温度 T_g 来表征沥青的低温性能。他们通过中低温区（$-30\sim50$℃）的频率扫描和温度扫描构建了弹性模量对相位角的变化曲线，利用曲线峰值点确定 T_g。T_g 是沥青由黏弹态向玻璃态转化时的温度，因为沥青黏弹态和玻璃态的力学性质差异较大，所以很多性质会在玻璃化转化温度附近发生转变，并且可以从分子水平上解释这种转变。另外，他们还利用 T_g、弹性模量和活化能等定量地分析了沥青的低温性能和相容性等。

另一方面，越来越多的研究者也采用流变学方法研究聚合物改性沥青的性能，流变学方法在改性沥青研究中的应用也逐渐成为研究的主流方向和研究热点。

Rasool 等研究了不同油源沥青制备的 SBS 改性沥青的流变性能，发现制备工艺（时间、温度、剪切方式等）对改性沥青流变性能的影响很大，通过黏度指标优化了 SBS 改性沥青的制备工艺。另外，他们认为改性沥青的流变性质随沥青油源的不同而发生变化，同时发现了改性剂 SBS 的热衰退现象使得改性沥青的性能下降。

Moghaddam 等评价并优化了聚合物改性沥青的工程应用性能，利用动态剪切流变仪测定了改性剂含量不同的十个样品的流变性，根据实际工程应用的需要，优化出了合适的用量，认为改性沥青内部临界网络结构的形成对应着最优的改性剂用量。

Liang、Müller、Wang、Li 等采用流变学手段并结合荧光显微镜、红外等手段研究了聚合物改性沥青的相容性；Kou、Schaur 等利用平行板动态流变仪以及差热分析、荧光显微等研究了聚合物改性沥青的相容性；另外，在改性沥青的抗老化性能、SBS 硫化、不同改性剂之间的对比、聚合物/矿粉混炼、聚合物/纳米添加剂等方面也有较多的研究，在这些研究中都采用了精度更高的流变学测试手段。

综上所述，目前沥青流变学的研究主要集中在优化和完善 SHRP 研究的指标体系，致力于沥青的流变学评价指标与路面使用性能的联系研究中，并进一步研究沥青的玻璃化转化温度、老化、组成结构等；改性沥青方面，大部分的研究集中在制备工艺优化（时间、温度、剪切、搅拌、改性剂用量等）、工程应用性能优化、老化性能、微观结构、添加物混炼等方面。仅有少量文献研究了聚合物本身（分子量等）对改性沥青的影响，并且这些已有的文献仅仅采用了传统的手段和有限的测试方法，并没有进行定量化研究，更没有从聚合物结构角度研究聚合物对改性沥青流变性、相容性及稳定性产生的影响及原因。除此之外，也没有用流变学手段对改性沥青的相态结构进行研究，建立相态结构与沥青黏弹响应之间的关系。

1.2.3 聚合物与沥青的相容性

1）相容性概念

由于高聚物和沥青在组成、密度、黏度和相对分子量上也有着较大的差异，从热力学角度上，聚合物与沥青是不相容的，理论意义上的相容是指共混体系的组分达到分子水平或链段水平的混合。但是，能与沥青完全相容或达到分子水平上相容的聚合物对力学性质的提高几乎没有作用，这并不是研究者所期望的。所以改性沥青中所谓的相容性指的是部分相容，即体系宏观上性质均一、体系不发生离析，微观上要求聚合物改性剂以细小颗粒稳定、均匀地分布在沥青中。所以，在微观尺度（微米级）上，聚合物改性沥青是多相分散体系，聚合物吸收沥青中的轻组分发生溶胀形成富聚合物相，富聚合物相分散在沥青中形成聚合物改性沥青的微观相态。最经典的聚合物改性沥青分散体系如图 1-2 所示，聚合物吸收轻组分发生溶胀形成富聚合物相。

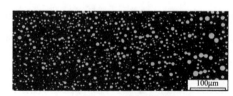
a) 聚合物为分散相体系

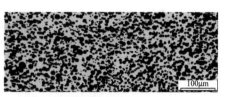
b) 聚合物为连续相体系

c) 双连续相体系

图 1-2 聚合物改性沥青微观形态

注：浅灰色部分为聚合物相，黑色为沥青相。

2）聚合物改性沥青相容性影响因素

由于聚合物与沥青的相容性直接影响改性沥青的性能，研究聚合物/沥青体系的相容性是十分必要的。影响相容性的因素主要是聚合物的结构和沥青的结构，由于沥青的性质具有地域依赖性，聚合物与多种油源、多种牌号沥青的相容性很难用理论来定义或预测，而通常的做法是通过具体的试验研究确定。然而，研究不同结构组成的聚合物与特定沥青的相容性可以为沥青改性专用聚合物的选择和生产提供可靠的理论指导。前人在聚合物与沥青相容性方面做了一定的研究工作。

（1）基质沥青

沥青本身的组分组成，即四组分（SARAs），对聚合物与沥青的相容性产生重要的影响。沈金安等研究发现当沥青组分中的芳香分含量较高时，基质沥青与热塑性弹性体类聚合物的相容性较好。Presti等也证实了一点：若使热塑性橡胶在沥青中的分散性较好，原基质沥青应当含28%～35%的芳香分以及6%～10%的沥青质。另外，不同油源的沥青及不同原油基属的沥青也会对相容性产生影响。

经过大量的研究表明，基质沥青对相容性的影响没有得到普适性的、定量化的理论依据，沥青的组成对相容性的影响是随油源变化的，即油源不同组成相同的沥青与聚合物的相容性不同。基质沥青的影响可以总结为3条经验规律：①若得到相容性好的改性沥青，基质沥青的沥青质含量必须适中；②沥青可溶质的芳香性必须达到一定值方可获得较好的相容性；③相容性的好坏对基质沥青的油源具有依赖性。

（2）聚合物

聚合物与沥青的相容性好坏最直接的体现是溶胀程度，一般来讲，聚合物的溶胀程度越高，其与沥青组分的相容性越好，聚合物相越不容易发生相分离。影响溶胀程度的主要因素是聚合物和沥青的结构和组成。从聚合物结构的角度来看，随着聚合物含量的增加，其在沥青中的溶胀程度产生微小的降低趋势。例如，对于给定的SBS/沥青体系，随着体系中PS含量从25%增加到50%，溶胀程度从500%降低到430%，而聚烯烃类PE的溶胀程度小于200%。一般来说对于SBS和EVA等，富聚合物相的体积大约是原聚合物的4～10倍，而聚烯烃聚合物的溶胀程度通常较小。

溶胀程度的表示方式如下，假定所有组分的密度都为1且沥青质均在沥青相中，且聚合物都分布在富聚合物相中，溶胀程度的数学表达式可以表示为：

$$\chi_{\text{asph}} = \chi_{\text{asph0}} \frac{1 - \chi_{\text{p}}}{1 - \tau_{\text{G}} \chi_{\text{p}}} \tag{1-2}$$

式中：χ_{asph}——聚合物改性沥青中沥青质的质量分数；

χ_{asph0}——基质沥青中沥青质的质量分数；

χ_{p}——聚合物含量；

τ_{G}——溶胀程度，定义是富聚合物相体积与原聚合物体积之比。

Ramirez 等人提出采用芳香油分吸附试验来模拟聚合物的溶胀过程,他们发现高结晶度的聚合物如高密度聚乙烯(HDPE)等吸附的芳香油分不如 SBS、EVA 和乙丙橡胶(EPR)。不仅是溶胀程度,聚合物在沥青中的分散程度也对相容性产生影响。

聚合物摩尔质量增加导致溶解度降低,但摩尔质量变化对溶胀程度的影响较小,这可能是由摩尔质量的变化较小造成的,通常 EVA、SBS 改性剂的摩尔质量介于 50~300kg/mol。这表明聚合物相分离不是由热力学的相互作用引起,而是由其他原因引起,比如可溶质耗尽导致的相分离。

对于共聚物,聚合物的化学结构对相容性的影响更大。相关文献指出对于 SBS 共聚物,增加 PS 的含量会导致溶胀程度降低,进而降低 SBS 的效果,对于 EVA,增加醋酸乙烯酯(VA)的含量也会使得溶胀程度降低。然而对于聚烯烃类聚合物,鲜有文献报道聚烯烃的结构对相容性的影响。

另外,当聚合物的掺加量使得体系形成网状结构时,基质沥青的性能有较大幅度的提高。结晶聚合物的结晶度是影响相容性的主要因素。研究发现,将乙烯共聚入结晶的聚丙烯分子链时,可以降低聚丙烯的结晶度,从而提高相容性。此外,不同类型的聚合物对相容性的影响也很关键,一般来说,热塑性橡胶弹性较好,易于分散,与沥青相容性相对较好,而聚单烯烃类聚合物由于结晶原因难以分散,相容性较差。

综上所述,聚合物改性沥青相容性的研究主要集中在基质沥青的组成及比例关系、改性工艺、聚合物加量等方面,聚合物化学结构对改性沥青相容性的影响文献报道较少,即便有一些文献报道了某类聚合物结构的影响,但这些报道都是采用传统的试验方法获得,并且也没有形成可以预测宏观相分离的可靠理论依据。

(3)聚合物改性沥青相容性判定方法

对于聚合物改性沥青相容性的判断方法,前人做了大量的研究工作。

Quivoron 等通过研究沥青与几种环氧单体的相容性得到较为精确的理论方法,他们借助于界面化学中亲水亲油平衡值(Hydrophilic Lipophilic Balance, HLB)值的概念来预测环氧单体与沥青的相容性:当 HLB 小于 6.3~8 的范围时,沥青与环氧单体完全不混溶;当 HLB 介于 6.3~9.3 或介于 8~11.8 之间时,相容性较好;当 HLB 大于 9.3~11.8 的范围时,相容性较差。虽然 Quivoron 等提出了较为定量化的预测方法,但该 HLB 值法不适合分子量大的聚合物,也不适用于目前市售的聚合物改性沥青。

Brûlé 等人采用溶解度参数的方法来判断相容性发现,聚合物的溶解度参数接近 17~18$(MPa)^{0.5}$时,聚合物与沥青的相容性较好,该溶解度参数值与沥青中芳香分的参数值较为接近。该方法最大的优点是可以通过聚合物结构估计其溶解度参数进而判断相容性,然而 PE、PB(聚丁烯酸酯)、PS(聚苯乙烯)等的溶解度参数相差很小,从溶解度参数很难看出它们之间的差别。

国内评价聚合物与基质沥青相容性的方法是离析试验,该试验是将聚合物改性沥青样品装入铝制牙膏管内,在 163℃环境下竖直静置 48h 后取出,测定离析管上部样品与下部样品的软化点差,若软化点差大于 2.4℃,则认为相容性差,并且改性沥青经储存后性能不满足使用要求。目前,国内的研究者主要采用该方法研究聚合物改性沥青的相容性,但该方法只是宏观相分离的表征,并且试验过程费时费力,因此,建立快速、灵敏判断聚合物与沥青相容性的方法是十分必要的。

流变学方法判断共混体系的相容性也有相关的文献报道,尤其是在共混高聚物相容性研究方面。流变学方法在高聚物与复合材料的研究中应用较多,例如用 Cole-Cole 图判定共混聚合物体系的相容性,Cole-Cole 图为 $\eta''(\eta'' = G'/\omega)$ 对 $\eta'(\eta' = G''/\omega)$ 作图,对于相容的共混体系,该图呈现半圆弧或抛物线形对称,若偏离半圆弧则表明出现相分离。

Han 等研究聚合物的流变性发现,流变曲线的温度依赖性可以体现嵌段共聚物的"无序—有序"转变。他将储存模量的对数和损失模量的对数分别作为横纵坐标作图得到 Han 图,在后来的研究中逐渐采用该图探究共混聚合物的相容性。当使用 Han 图研究相容性时,有两条比较重要的参考原则:一是不同温度的储存模量和损失模量的对数坐标曲线可以叠合;二是在 Han 图的低频区域,G'-G'' 的双对数曲线斜率约等于 2。Han 图最初是针对均相聚合物体系提出的,因此,均相聚合物体系的 Han 图与温度无关。但是多相体系的 Han 图却依赖于温度变化,所以 Han 曲线可以用来判定多相体系微相分离的温度。发生微相分离时,体系在外观上是均匀的,看不出宏观相分离状况,但体系最终会发生宏观相分离,可以用 Han 曲线探测微相分离温度,从而为宏观相分离提供依据。

但是,流变学方法用来判断聚合物/沥青体系相容性的研究较少,并且在共混聚合物相容性研究中采用的流变学方法对聚合物/沥青体系是否适用仍有待于进一步深入研究。

1.2.4 聚合物改性沥青的储存稳定性和相分离

如前所述,改性沥青制备完成后需要一定的时间转运到施工现场或在现场储存,因此,储存稳定性是改性沥青在工程应用中十分关键的问题。若改性沥青储存不稳定,则聚合物相会从沥青相中析出,发生相分离现象(离析现象),聚合物的离析会严重削弱改性沥青的性能。在过去的研究中,改性沥青的储存稳定性研究始终吸引着研究者的广泛兴趣。

传统方法中表征储存稳定性的方法有离析管试验和荧光显微观测,这两种方法分别测定改性沥青在热存储 48h 后离析管上下部样品的软化点差及显微图像。通常认为这些方法是可靠的,因为两者是直接测定和观测相分离的结果。但是这些方法只是宏观相分离的表征,并且试验过程费时,无法获得相分离的原因,更重要的是无法追踪相分离的动态过程。

聚合物改性沥青储存稳定性和相分离的影响因素较多,由密度差引起的重力因素被认为是储存过程中竖直方向上发生相分离的重要原因。在实际储存过程中,除了重力因素外,沥青的组成、聚合物的结构和含量也是重要的影响因素。

在影响储存稳定性诸多因素的研究中,采用荧光显微方法在二维尺度上探究改性沥青相分离的主要驱动力是非常有用的手段，这种方法在不考虑重力因素的前提下利用沥青薄膜法在热条件下观察相分离现象。很多文献均采用了荧光或原子力显微镜方法研究了聚合物改性沥青的二维相态，并试图理解相态和相容性、稳定性的关系。但是这些研究并没有很好地解释不稳定的原因及相分离是如何发生的。值得注意的是一些研究采用溶解度参数来解释和预测聚合物改性沥青的相容性和稳定性。这种理论是基于相似相容原理，在研究中用到了 Hildebrand 溶解度参数和 Hansen 溶解度参数，后者因为考虑了极性和氢键可以给出更好的近似值。难点在于沥青溶解度参数的间接测量，因为沥青是非常复杂的混合物。同时，聚合物改性剂的溶解度参数及两者的相互作用过程需要更进一步研究，溶解度参数模型也没有给出微观结构是如何形成的。综上所述，需要探索和建立更有效的方法来预测改性沥青的储存稳定性和相分离。

1.3 本书主要内容

以改性沥青作为集料的胶结料广泛应用在路面铺装上，路面性能主要由沥青的性能决定。然而，近年来交通量和车辆载重的快速增加及极端气候对路面的整体性带来诸多不利影响，导致了车辙、开裂等病害，这些病害都与沥青的流变性、黏弹性直接相关。为了深入研究这些问题，本书采用动态剪切流变仪（DSR）、弯曲梁流变仪（BBR）、荧光显微镜（FM），并结合统计分析方法、相场理论（PFT）等分析了聚合物改性沥青多相体系的黏弹性、相态、相容性和储存稳定性，深入分析了聚合物结构与黏弹性、相态与黏弹性之间的关系，建立了判定相容性的流变学方法，最后采用数值模拟方法及相场理论模拟了改性沥青的相分离过程，并与储存稳定性研究结果进行对比。通过运用流变学和相场方法对聚合物改性沥青进行分析，可以有效地提升道路沥青性能调控水平、改善道路改性沥青材料性能及应用效果，基于理论方法研究，实现了新材料与工程应用的有机融合。同时，相场模型也填补了道路沥青材料相容性与相分离研究的模型方法方面的空白。本书研究成果转化及工程应用可产生较大经济效益，对我国高性能沥青路面的技术发展具有重要推动作用。

第 2 章

沥青流变模型

沥青通常被认为是胶体体系,即高分子量的沥青质胶束分散在低分子量的油分中。在这种体系中,沥青的流变性是从溶胶结构向凝胶结构(非牛顿流体性质占主导)变化的。测定沥青流变性的方法有很多,其中震荡剪切和蠕变是最方便、实用的。流变学测定存在试验费时、费力,以及需要专业操作人员等缺点,预测模型或方程是沥青流变线性黏弹性定量的有效工具。因为沥青在任何特定温度或频率下的流变参数(复数模量,相位角等)都可以用本构方程来描述,而本构方程的精度是可接受的。本构关系是指材料在荷载作用下的应力张量与应变张量之间的对应关系,描述材料本构关系的数学方程称为本构方程。本章主要介绍道路沥青常用流变模型,重点阐述 3 个非线性多变量模型、13 个代数经验方程及 4 个力学元件方法。本章对这些模型的表达式、适用范围及优缺点作详细阐述。

2.1 非线性多变量模型

(1) Van der Poel 计算图表

早在 20 世纪 50 年代,Van der Poel 就引入模量对加载时间和温度的计算图表(多变量模型),该模型通过 20 多年的试验室研究工作,用经验测定法中的针入度,软化点作为变量,根据 Van der Poel 模型,将一个简单的概念——杨氏模量 E 引入黏弹材料中,由下式计算:

$$E = \frac{\delta}{\varepsilon} = \frac{应力}{应变} \tag{2-1}$$

沥青的劲度模量(通常缩写为 S)定义为应力与应变的比值。

$$S_{\text{rlt}} = \left(\frac{\delta}{\varepsilon}\right)_{\text{rlt}} S \tag{2-2}$$

式中，S 等同于现在的劲度模量，依赖于加载时间和温度变化。值得一提的是，Van 首先发明了术语劲度模量 S，现在被广泛应用在沥青行业中，S 等同于现在的拉伸模量 E。

在 Van der Poel 的研究中，一共测定了不同油源的 47 个沥青样品在不同温度和频率下的针入度指数，针入度从 −2.3 变化到 +6.3。另外，Van 指出劲度模量 S 随 4 个变量而变化：加载时间或频率、温度、沥青的硬度、沥青的流变类型。因此，沥青的劲度模量可用以下 4 个参数预测：温度、软化点、加载时间、PI 值（针入度指数）。沥青的硬度可用软化点预估，且 PI 值可预估流变性质。同时，对于纯黏性性质，硬度的差别可以通过选择一个对所有沥青样品都有相同黏弹性的温度来消除。沥青的劲度模量是时间 T_{diff}（温差）$= (T_{\text{R\&B}} - T)$ 和 PI 的函数，PI 可以确定流变的类型，PI 由下式计算：

$$\frac{20 - \text{PI}}{10 + \text{PI}} = 50 \times \frac{\log 800 - \log \text{Penetration}}{T_{\text{R\&B}} - T} \tag{2-3}$$

式中：$T_{\text{R\&B}}$——软化点；

T——针入度温度；

Penetration——针入度，针入度值 800 代表软化点时沥青的针入度。

因此，得到针入度和软化点就可以得到（从 Van der poel 计算图表中）任何温度下沥青的劲度模量 S。Van der poel 计算图表如图 2-1 所示。

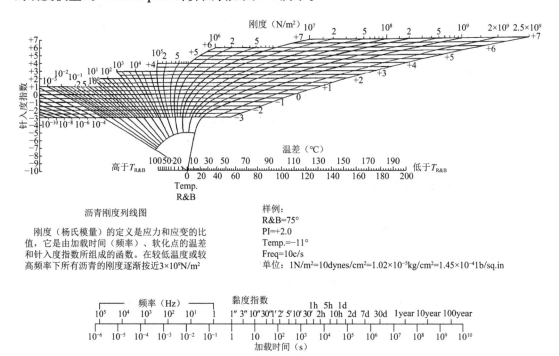

图 2-1 Van der poel 计算图表

可以概括得到，任何温度和加载时间下的劲度模量 S 只需要针入度和软化点 2 个因子就可以预测出来。尽管 Van der poel 在他的论文中没有提到，但后人认为他在建立多变量模型时使用了 TTSP（Time Temperature Superposition Principle，时间温度迭加原理）。Van der poel 认为，他的图表包括了 300℃的温度，足以达到工程应用的目的。低温下，所有沥青样品表现为传统意义上的弹性，S 达到了 3GPa，该值约等于沥青的拉伸或弯曲玻璃化模量。随着温度的升高，S 仅依赖于沥青中的极性分子而变化。

然而 Van der Poel 在发明非线性多变量模型过程中应用的精确数学函数却从未公开发表，式(2-4)大约可以和图表吻合：

$$S = 1.157 \times 10^{-7} \times t^{-0.368} \times e^{-PI} \times (T_{R\&B} - T)^5 \qquad (2-4)$$

式中：S——沥青硬度（MPa）；

　　　t——加载时间；

　　　T——温度；

其他参数含义同前。

该方程限定了参数的范围：t 为 0.01～0.1s，PI 为-0.1～0.1，温差($T_{R\&B} - T$)从 10～70℃。

Van der poel 图表已经广泛应用到路面设计中，而且众多研究者做了许多研究工作以修正该模型。然而这些修正仅是表面的，改动幅度较小，这些改动将在下节讨论。Van der Poel 非线性多变量模型在实际应用中易得且非常便利。此模型可在较宽温度和加载时间范围内预估劲度模量且可达到满意精度。

然而，Van der Poel 和一些其他研究者在使用该模型时发现了几点不足。例如，该模型并不能准确描述蜡含量超过 2%的沥青的性质，该模型仅适用于基质沥青，对聚合物改性沥青并不适用，因为改性沥青呈现复杂的流变性，应用该模型会导致错误。

另外，低温和长加载时间下改性沥青模量试验值和非线性多变量模型预测值间的差别更为明显。再者，该模型不容易修正为数值计算公式，尽管该模型在应用中比较有效，但由于缺乏数学方程不利于使用计算机进行分析。

（2）修正的 Van der poel 图表

如前所述，Van der poel 图表已经被众多研究者广泛用于沥青模量的预测。利用该模型，Heukelom 和 Klomp 发现了沥青模量和沥青混合料模量 S_m 之间的联系，而与温度和加载时间无关。该联系可用以下半经验公式表示：

$$S_m = S\left(1 + \frac{2.5}{n}\frac{C_V}{1-C_V}\right)^n \qquad (2-5)$$

$$C_V = \frac{V_A}{V_A + V_B} \qquad (2-6)$$

$$n = 0.83 \times \log\left(\frac{4 \times 10^4}{S}\right) \qquad (2-7)$$

式中：C_V——骨料的体积浓度；

　　　S——沥青模量；

　　　n——常数，随沥青模量 S 变化；

　V_A、V_B——骨料和沥青的体积分数（百分比）。

Heukelom 和 Klomp 详细研究了 Van der poel 的方法，并且用式(2-5)～式(2-7)对 S、S_m 和 C_V 的关系做了修正，如图 2-2 所示。然而，该模量方程存在局限性，其中之一就是当空气含量为 3% 和 C_V 值在 0.6～0.9 之间时才适用。

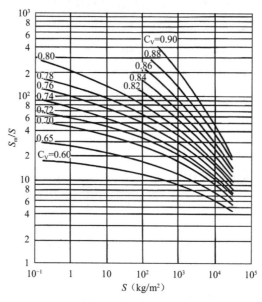

图 2-2　S_m 和 C_V 的关系

文献建议用 C_V' 代替 C_V，当空气含量（孔隙率）大于 3% 时，$C_V' = \dfrac{C_V}{0.97+0.01\times[100-(V_A+V_B)]}$。然而，该修正只有当沥青体积浓度因子满足下式时才可用：

$$C_b \geqslant \frac{2}{3}(1 - C_V') \tag{2-8}$$

其中：
$$C_b = \frac{V_B}{V_A+V_B} = 1 - C_V$$

1966 年，Heukelom 在低 PI 值区域对 Van der poel 非线性多变量模型进行了轻微改造，为了验证该模型，Heukelom 核对了数百个不同油源、不同等级沥青样品的试验值和预测值，发现该模型里的精度与线线间距具有可比性，甚至更好。

用这个新的非线性多变量模型来预测沥青的模量大约用了 7 年，直到 Heukelom 发现了少数原数据的不确定性，通过大量测定软化点时针入度的研究发现具有高软化点和 PI 值的针入度与 800 会有较大偏差。因此，Heukelom 将针入度为 800 时的温度代替软化点，相应的，PI 值的计算从针入度/针入度变为针入度/软化点。图 2-3 展示了新修正的非线性多变量模型。Heukelom 用该模型预测沥青的硬度，特别是氧化沥青。他发现该模型的预测值与试验值的误差在 10%～15%（多次试验表明），然而使用软化点和软化点时的针入度作为变量会产生比这大 4～10 倍的误差，该模型可用于动态加载条件下的频率，因为 t 与 f 可通过 $t = 1/(2\pi f)$ 转换，但是对于沥青的动态力学性质，应力、应变及相位角是非常重要的参数，其无法从非线性多变量模型中获得。

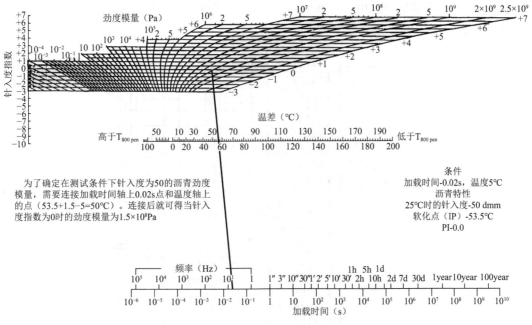

图 2-3 新修正的非线性多变量模型

（3）Mcleod 计算图表

Mcleod 发现无法获得 Pfeiffer 及 Doormaal PI 值与路面低温横向裂缝之间的关系，因为众多沥青软化点温度的针入度与 800 相差较大。为了定量表征沥青的感温性，他建立了一个不同的方法。Mcleod 定义了感温性，即沥青的稠度变化速率对温度的变化。该方法用到了 25℃针入度和 135℃黏度。因此，Mcleod 针入度-黏度指数来代替PI以定量表征感温性，设计PVN（黏度指数）是因为沥青的感温性基于针入度和黏度值。因为计算方法类似，大多数沥青的PVN值是相似的。PVN的计算如式(2-9)所示：

$$PVN = \frac{L-X}{L-M} \cdot X - 1.5 \tag{2-9}$$

式中：X——135℃时黏度的对数（ct）；

L、M——PVN等于 0 时，黏度（135℃）的对数：M 为 135℃时PVN为-1.5 时的黏度对数。图 2-4 展示了不同PVN值下 135℃黏度和针入度的关系。

也可以采用下列经验公式（根据图 2-4 得到）更准确地计算L与M值：

PVN = 0 时的直线方程： $\log L = 4.258 - 0.79674 \log P$

PVN = -1.5 时的直线方程： $\log M = 3.46289 - 0.61094 \log P$

PVN值越低表明沥青对温度越敏感，沥青的PVN通常是+0.5～-2.0，尤其是-1～+1 最好。例如，针入度为 100、温度为 135℃、黏度为 400ct 的沥青，在 Mcleod 图上，L 和 M 值分别为 450 和 180，则PVN值为-0.19。图 2-5 列出了为了得到基准温度的 Heukolem 版的 Pfeiffer 和 Doormaal 图的修正。假设沥青的针入度和 PVN 分别为 90 和-1.0，则直线得到温度差的截距为 20℃，而针入度在 25℃测定，所以基准温度为 45℃ = 20℃ + 25℃。

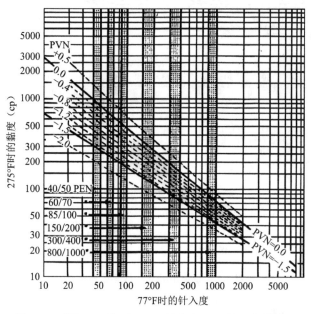

图 2-4　不同 PVN 值下 135℃黏度和 25℃针入度的关系

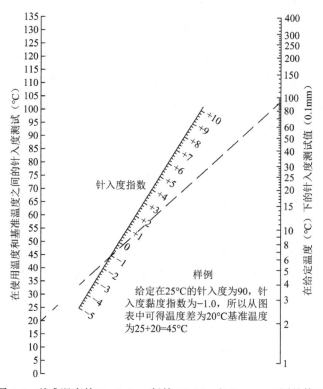

图 2-5　基准温度的 Heukolem 版的 Pfeiffer 和 Doormaal 图的修正

建立了基础温度后，沥青在任何温度和加载速率下的模量就可以从图 2-6 中查得。从图形上看,该模型与 Van der poel 图十分接近,但是 Mcleod 做了轻微改造,那就是通过温度和PVN获得模量。例如,假定−28.9℃的加载时间是20000s,环境温度为45℃ + 28.9℃ = 73.9℃,45℃是基准温度,通过点 20000s、73.9 和PVN−1.0 画直线得到S为49MPa。最终,Mcleod 用另一个图通过C_V将沥青模量S和混合料的模量联系起来。

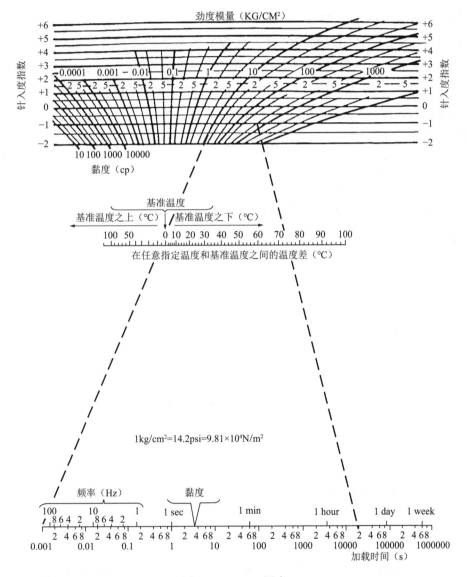

图 2-6 Mcleod 图表

与 Van der poel 图最大的不同之处在于,Mcleod 建议用黏度和基准温度的关系,而不是用软化点。该模型的缺点是用来预测聚合物改性沥青的 LVE 是不准确的,因为它不是为改性沥青而设计的。尽管PVN通过特定的试验获得。但一些研究者认为高温下的PVN不能通过外延得到。Robet 指出,PI 与PVN最显著的差别是沥青老化过程中(拌和,摊铺后)PI 值会变化,但PVN基本不变。

综合来说，Van der poel，Heukelom 和 Klomp 的方法都有相同的缺点，同时，Anderson 发现低温和长加载时间下试验值和预测值相差较大。

2.2 经验代数方程

（1）Tongepier-Kuilman 模型

很多研究者已经采用过精确的经验代数方程来描述沥青复数模量主曲线。其中 Tongepier 和 Kuilman 发明了经验代数方程模型，该模型表明沥青的松弛时间谱大致是log函数形状，根据这个假定，他们得到了各种流变方程松弛时间谱是从试验中获得，该试验是在−20℃到160℃的温度下，频率为5×10^{-4}Hz到50Hz（$3\times10^{-3}\sim32$rad/s）的Weissenberg流变仪上进行，研究使用了 14 个不同油源的沥青样品，包括油砂型沥青（对温度很敏感）、道路重交沥青、氧化沥青。

这种方法会用到积分方程或者其变形，而其只能用数值方法求解。沥青的松弛时间谱尽管在长加载时间下接近于log函数分布，而加载时间下的log函数分布有较大的偏离。Jongepier-kuilman 模型基于松弛时间分布，且是用一系列相对复杂的数学方程来表示的。首先用无量纲相对频率代替频率：

$$\omega_r = \frac{\omega \eta_0}{G_g} \tag{2-10}$$

式中：ω_r——约化频率（rad/s）；

η_0——零剪切黏度；

G_g——玻璃化模量，松弛时间分布的log形式如下所示：

$$\omega_r = \frac{G_g}{\beta\sqrt{\pi}} \exp-\left(\frac{\ln t}{\beta}\right)^2 \tag{2-11}$$

$$G_g = \int_{-\infty}^{\infty} H(\tau) \, d\ln t \tag{2-12}$$

式中：$H(\tau)$——松弛时间分布；

β——宽度参数；

τ——松弛时间（s）；

τ_m——时间常数，它决定了一定温度下谱图沿松弛时间τ轴的位置。

且参数τ_m为：

$$\tau_m = \frac{\eta_0}{G_g} \exp\left(\frac{\beta^2}{4}\right) \tag{2-13}$$

Jongepien 和 Kuilman 发现参数β对沥青类型依赖性很强，且特定沥青的β值只能通过曲线拟合得到，通过$\mu = \ln \omega_t$和$\chi = \frac{2}{\beta^2}\ln \omega_r$替换可得到弹性模量和损失模量，如式(2-14)、式(2-15)所示。

$$G'_{(x)} = \frac{G_g}{\beta\sqrt{\pi}} \exp\left[-\frac{\beta\left(x-\frac{1}{2}\right)^2}{2}\right] \cdot \int_0^\infty \exp-\left(\frac{\mu}{\beta}\right)^2 \cdot \frac{\cos\left(x+\frac{1}{2}\right)\mu}{\cos\mu} d\mu \qquad (2\text{-}14)$$

$$G''_{(x)} = \frac{G_g}{\beta\sqrt{\pi}} \exp\left[-\frac{\beta\left(x-\frac{1}{2}\right)^2}{2}\right] \cdot \int_0^\infty \exp-\left(\frac{\mu}{\beta}\right)^2 \cdot \frac{\cos\left(x-\frac{1}{2}\right)\mu}{\cos\mu} d\mu \qquad (2\text{-}15)$$

式中：$\tan\delta$——G''与G'的比值。

Jongepier 和 Kuilman 通过对一定范围β值进行数学积分得到$|G^*|$和δ的主曲线，发现决定松弛时间谱的形状且β值是有理数。另外，与沥青的组成有关。也有文献[65]报道该模型的预测值和实测值在试验误差范围内，但是β值大的精度不如β值小的。

Jongerpier 和 Kuilman 模型用来处理沥青的弹性质是较为精确的。Brodynan 等指出松弛时间分布不是log函数正态分布，因为他们发现松弛时间谱是高度歪曲分布的。也有报道指出 Jongepier-kuilman 模型使用了积分方程导致实际求解非常困难。另外从试验数据获得松弛时间谱是病态问题，即没有唯一解。

（2）Dobson 模型

Dobson 根据沥青$|G^*|$和δ的经验关系，发明了描述主曲线的经验方程。然而 Dobson 并没有用频率表示模量，而是相反，Dobson 用普通的主曲线表示试验结果，目的是用该曲线通过图的对比来区别沥青。他指出任何温度和加载速率下沥青的硬度可从三个基本参数计算出：黏度、温度依赖性、速率依赖性。依温性和黏度参数通过利用新的黏温图获得，以及速率依赖性是两种应力水平下通过表现黏度的测量获得。

黏度是用真空毛细血管黏度计在 60℃下测定及锥筒黏度度计在 25℃下测定，该模里的基本假设是基于一系列沥青的动态力学参数，即$|G^*|$对频率变化的log函数形状是$\tan\alpha$的函数，松弛谱的宽度如式(2-16)所示：

$$\frac{dy}{dx} = \frac{\tan\alpha}{(1+\tan\alpha)(1-0.01\tan\alpha)} \qquad (2\text{-}16)$$

$$y = \log\frac{|G^*|}{|G_g|}$$

式中：$|G^*|$——复数模量；

G_g——玻璃化模量；

α——移位因子。

Dobson 也观察到了$\tan\alpha$和$|G^*|$之间的线性关系，如式(2-17)所示：

$$\log(1+\tan\alpha) = -by \qquad (2\text{-}17)$$

式中：b——松弛谱的宽度。b也被认为是剪切敏感性指数，且与PI有关，将方程(2-16)和式(2-17)合并可以得到复数模量与约化频率关系的新方程：

$$\log \omega_y = \log G_y - \frac{1}{b}\left[\log(1-G_y^b) + \frac{20.5 - G_y^{-b}}{230.3}\right] \tag{2-18}$$

或变形为：

$$\log \omega_y^{-b} = \log(G_y^{-b} - 1) + \frac{20.5 - G_y^{-b}}{230.3} \tag{2-19}$$

其中，$\omega_y = \frac{\eta_0 \omega \alpha_T}{G_g}$，$G_r = \frac{|G^*|}{G_g}$，$\omega_y$是$G_y$唯一的函数。

当$\tan \alpha \leqslant 9.5$时所有的方程都是适用的。Dobson还发明了2~200Hz频率范围及连续变化温度范围内测量复数模量需要的45mg沥青样品取样工具。该工具是用于平行板间测量的。而当$\tan \alpha \geqslant 9.5$时，Dobson取$G_g$的值$1 \times 10^9$Pa时。该模型与试验值有较好的吻合。

如Jongepier和Kuilman，Dobson用WLF方程描述温度对沥青黏弹性质的影响。他发现一组单独的系数只能用于部分沥青的移位因子，而不同组的系数需要两个极端温度。两组常数的WLF方程简单形式为：对$T - T_s < 0$，$C_1 = 12.5K$及$C_2 = 142.5K$。而对$T - T_s > 0$，$C_1 = 8.86K$及$C_2 = 101.6K$，T_s为参考温度，$T_s = T_g - 50$，T_g可通过膨胀测定法得到。

一般来说，用Dobson模型来表征沥青的温度敏感性是合理的且精确的。他也赋予了模型中部分参数的实际意义，以便该模型应用于流变数据上。然而，该模型也存在几点不足之处。Maccarrone将Dobson模型用于描述移位因子α_T的温度依赖性，发现对于老化沥青当温度低于20℃时用Dobson系数的WLF方程对α_T的预测过度。Dobson模型的准确性难以评估，因为他只对少数$|G^*|$和δ的试验值和预测值做了对比。另外，一个最严重的缺点是模量作为约化频率的正数并不精确，因为确定模型中的常数缺乏完整的步骤，而且该模型不适于改性沥青。

（3）Dickinson-Witt模型

Dickinson和Witt对14种不同沥青进行了动态力学试验，发明了$|G^*|$和δ对约化频率变化的分析方程，提出了以下方程式：

$$\log G_r^* = \frac{1}{2}\left\{\log \omega_r - \left[(\log \omega_r)^2 + (2\beta)^{\frac{1}{2}}\right]\right\} \tag{2-20}$$

式中：$|G^*|$——频率ω_r时的相对复数模量$G_r^* = \frac{|G^*|}{G_g}$；

ω_r——相对角频率，$\omega_r = \frac{\omega \eta_0 a_r}{G_g}$；

β——剪切敏感性参数，β定义为对数坐标下G_g和$\omega_r = 1$对应模量间的距离。

同时，相位角如式(2-21)所示：

$$\delta = \delta' + \frac{\pi - 2\delta'}{4}\left\{1 - \log \omega_r[(\log \omega_r)^2 + (2\beta)^2]^{-\frac{1}{2}}\right\} \tag{2-21}$$

式中：δ——相位角；

δ'——为频率无限大时的相位角极值。通过式(2-20)和式(2-21)消除$\log|G_r^*|$，可以建立复数模量和相位角的关系，其为双曲线模型，如式(2-22)所示：

$$\log|G_r^*| = -\beta\left[\frac{2(\delta-\delta')}{\pi-2\delta}\right]^{\frac{1}{2}} \tag{2-22}$$

由于测定温度范围的限制，Dickinson 和 Witt 采用与 Dobson 相同的系数来描述沥青移位因子α_T的温度依赖性。该模型$|G^*|$的适用性标准误差在log坐标上为 0.008～0.025，对应最大的误差为 10%。Dickinson 和 Witt 并没有报道δ的精确度。尽管可以看到δ的预测值可以与测定δ试验误差相媲美。另外，Dickinson 和 Witt 观察到谱图关于最大值处并不是对称的，且与 Jongepier 和 Kuilnan 的松弛时间分布的高斯分布假设是有争议的。

Dickinson 和 Witt 报道了$\log G_g$的数值范围为 9.5～10.6Pa，与 Dobson Jongepier 和 Kuilman 的 9.7～10Pa 相近。Maccarrone 根据 39 个老化样品和 2 个原样沥青的动态力学性质评估了几种模型，他发现 Dickinson-Witt 模量与试验数据吻合相当好，$\log|G^*|$的预测值误差为 0.001～0.012。一般来说，Dickinson-Witt 模型比 Dobson 及 Jongepier-Kuilman 模型更简单实用，但是其G_g的黏度是经统计得到的且大多情况下是偏大的。

（4）Christensen-Anderson 模型（CA 模型）

在美国战略公路研究计划 A-002A 研究中，Christensen 和 Anderson 为了发明描述沥青黏弹特性的经验方程，对 SHRP 8 种核心沥青进行了动态力学分析。该模型被称为 Christensen-Anderson 模型（CA 模型）。他们发现为了全面描述沥青的性质，4 个主要参数是必须的，即玻璃化模量G_g、稳态黏度V_{ss}、交点频率ω_c、流变指数R。CA 模型的定义如图 2-7 所示。

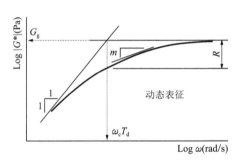

图 2-7　CA 模型的定义

CA 模型是用一系列黏弹参数方程来表示的。对$|G^*|$用数学函数式(2-23)表示：

$$|G^*| = G_g\left[1+\left(\frac{\omega_c}{\omega}\right)^{\frac{(\log 2)}{R}}\right]^{-\frac{R}{\log 2}} \tag{2-23}$$

式中：ω_c——相交频率；

R——流变指数，流变指数R值越大，松弛谱越宽。

δ（°）可用式(2-24)表示：

$$\delta = \frac{90}{\left[1+\left(\frac{\omega}{\omega_c}\right)^{\frac{\log 2}{R}}\right]} \tag{2-24}$$

参数意义如上所述。Christensen 和 Anderson 将式(2-23)、式(2-24)合并得到流变指数 R 为：

$$R = \frac{\log 2 \times \log \frac{|G^*|}{G_g}}{\log\left(1 - \frac{\delta}{90°}\right)} \tag{2-25}$$

当需要计算 R 时，该方程是十分有用的，然而获得 $\delta = 90°$ 的数据几乎是不可能的。用该模型计算 R 值，剪切模式下的 G_g 为 1GPa，拉伸或弯曲模式下为 3GPa。

有文献指出当 δ 位于 10°~70° 区间时，方程式(2-25)是相当精确的，且最好的拟合结果在交点处取得，即 $\delta = 45℃$ 处。Christensen 和 Anderson 指出，不建议该模型用于相位角接近 90° 的温度和频率。用 SHRP 计划中 8 种主要未老化沥青、薄膜老化沥青、压力老化沥青等样品对 CA 模型进行了验证。该模型能够广泛用于很宽频率和温度范围，且温度范围能够延伸到玻璃化区域。

然而 Silva 等发现 CA 模型在高温区或长加载时间下的实用性不是很好（图 2-8）。为了克服该缺点，Christensen 和 Anderson 建议计算第三套参数用于计算高温区，该区域接近牛顿流体区域，R 值接近 0.81。他们用于第二黏弹区的线性黏弹参数对上述方程进行了调整，得到了一系列用于第二黏弹区域的方程。这些方程可以在其他文献中找到，本书为了简便不再赘述。

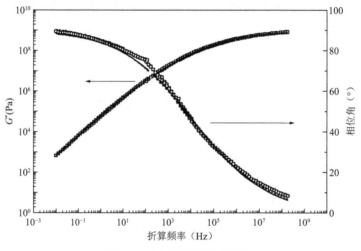

图 2-8 CA 模型的拟合结果

温度在定义温度 T_d 以上时可应用 WLF 方程，在牛顿流体区域，T_d 是每种沥青的特征温度。有文献指出对于所有沥青 C_1 均为 19，C_2 均为 92K，建议用试验数据获得 C_1 和 C_2 时进行优化。普适值不可以优先应用，同时，在温度低于 T_d 及在牛顿流体区域，可用 Arrhenius 公式描述 a_T。T_d 温度以下的活化能为 261kJ/mol。一般来说，CA 模型相比于前人的模型具有相对简单的形式和合理的精确性。然而，更进一步的分析表明仅仅使用跟松弛谱图形状有关的参数（流变指数）不足以描述沥青的性质。另外，该模型不能够描述改性沥青的线性黏弹特性。

（5）Fractional Model 分数模型

Stastna 等提出了一个用 $|G^*|$ 和 δ 描述沥青性质的简单模型，该模型被称为 Fractional 模型，

是基于广义麦克斯韦模型提出的。该模型具有较少的参数且与麦克斯韦模型相比仅需要一半的参数。$|G^*|$代表黏弹性材料的响应函数且可用一个一般性的有理分数次幂描述，Stastna 等对此类模型作了研究且在他的研究中用试验数据与聚合物溶液做了对比，$|G^*|$可用下式表示：

$$|G^*| = \eta_0 \omega \left[\frac{\pi_1^m (1+(\mu_k\omega)^2)}{\pi_1^n (1+(\lambda_k\omega)^2)} \right]^{\frac{1}{2(n-m)}} \quad (2\text{-}26)$$

式中：μ_k、λ_k——松弛时间（$\mu_k > 0$，$\lambda_k > 0$）；

m、n——松弛时间的个数（$n > m$）。Stastna 等发现分数阶模型比广义麦克斯韦模型更加灵活，更易操作。

δ可表示为：

$$\delta = \frac{\pi}{2} + \frac{1}{n-m} \left[\sum_1^m a\tan(\mu_k\omega) - \sum_1^n a\tan(\lambda_k\omega) \right] \quad (2\text{-}27)$$

式中：a——迪拉克δ函数的傅里叶变换。

他们对 19 个不同来源的基质沥青样品和 5 个改性沥青样品进行了 DMA 分析发现，对所有测试样品，当参考温度在 0℃时，分数阶模型对基质沥青和改性沥青的$|G^*|$和δ主曲线吻合非常好。

Stastna 等在他们的研究中应用了 JWLF 和 Arrhenius 方程，但为了更好地吻合，应力应用了前者提到的方程，然而如何精确确定参数没有进行详细的讨论。Marasteanu 和 Anderson 指出该模型缺乏统计稳健性，因为未知参数式(2-26)、式(2-27)的数目接近观测参数的数目。实际上，用如此多的参数的确难以解释该模型。然而，他们也发现该模型的灵活性是很有用的，特别是用来拟合具有平台区和不规则的主曲线。同时，该模型也可对主曲线的不规则部分进行拟合，该不规则部分是由试验误差引起的，而不是真实的流变数据，可能导致误解。

（6）Christensan-Anderson-Marasteanu（CAM）模型

Marasteanu 和 Anderson 发明了一个新的模型，该模型通过对 CA 模型的修正以提高高频区、低频区的适用性，该模型称为 CAM 模型（即 Christensan、Anderson 和 Marasteanu）以期提高对基质沥青和改性沥青的适用性。研究者将 Havriliak 和 Nagam 模型用于最初的 CA 模型上，提出$|G^*|$的表达式：

$$|G^*| = G_g \left[1 + \left(\frac{\omega_c}{\omega}\right)^V \right]^{-\frac{w}{V}} \quad (2\text{-}28)$$

其中，$V = \frac{\log 2}{R}$，R为流变指数。

δ定义为：

$$\delta = \frac{90\omega}{1 + \left(\frac{\omega_c}{\omega}\right)^v} \quad (2\text{-}29)$$

引入参数ω的目的是解决当频率接近0或无穷大时|G*|前45°渐近值和G_g渐近值靠近的快慢问题。

Marasteanu和Anderson在他们的研究中测定了38个基质沥青和改性沥青样品的性质。|G*|的CA拟合值和CAM拟合值与实测值分别误差在10%～35%。他们发现模型对主曲线的不吻合性出现在主曲线的两个渐近值附近。一般认为模型对热流变简单性的偏离与沥青有关，受到沥青组成特别是蜡和沥青质的影响很大。Marasteanu和Anderson并没有对描述沥青温度依赖性的方程进行说明。CAM模型对|G*|和δ的吻合程度比原始的CA模型要好很多。然而，当沥青呈现热流变复杂时，建立的主曲线仍呈现不规则性，像CA模型一样，Silva等发现CAM模型对高温区域缺乏适应性，如图2-9所示。

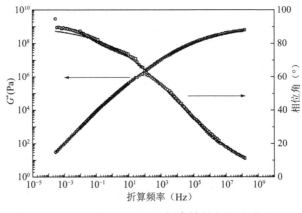

图2-9 CAM拟合结果

（7）修正的Christenen-Anderson-Marasteanu模型

Zeng等提出了描述改性沥青和沥青混合料的经验代数方程，该方程是基于很宽频率、温度、应变范围内的动态剪切试验数据提出的。该模型包括关于|G*|主曲线，δ主曲线，温度依赖性，应变依赖性四个方程。该模型能够描述沥青黏弹性液体性质，也能够描述沥青混合料的黏弹性固体性质。|G*|方程式基于广义CAM模型，表达式如下：

$$|G^*| = G_e + \frac{G_g - G_e}{\left[1 + \left(\frac{f_c}{f}\right)^k\right]^{\frac{m_e}{k}}} \tag{2-30}$$

其中，$G_e = |G^*|$（$f \to 0$，频率趋近于0），沥青的$G_e = 0$；$G_g = |G^*|$（$f \to 0$）；f_c为实测频率谱的位置参数；f'为约化频率，是温度和应变的函数；k和m_e为形状参数（无量纲）。f_c表示CA和CAM模型中的相交频率，图2-10为校正的CAM模型。G_g和G_e分别为频率接近无限大和0时的水平渐近值。第三个渐近值是m_e的斜率。G_g和m_e的截距为f_{act}、G_e和m_e渐近值截距为：

$$f_c' = f_c \left(\frac{G_e}{G_g}\right)^{\frac{1}{m_e}} \tag{2-31}$$

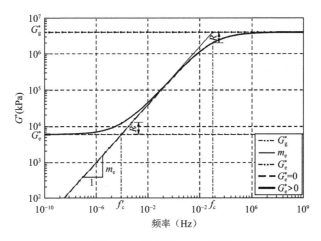

图 2-10 校正的 CAM 模型

对于沥青，$f_c'=0$，Zeng 等指出，在 log 坐标图中，沥青的 $|G^*|f_c$ 和 G_g 的间距为：

$$R = \log \frac{2^{\frac{m_e}{k}}}{1+\left(2^{\frac{m_e}{k}}-1\right)^{\frac{G_e}{G_g}}} \tag{2-32}$$

对于沥青，$R = \log 2^{\frac{m_e}{k}}$ $|G^*|f_c$ 和 G_e 在对数坐标中的距离为：

$$R' = 1+\left(\frac{G_e}{G_g}-1\right) \times \left[1+\left(\frac{G_e}{G_g}\right)^{\frac{k}{m_e}}\right]^{-\frac{m_e}{k}} \tag{2-33}$$

对于沥青，$R = \log 2^{\frac{m_e}{k}}$。为方便起见，各参数的物理意义没有列出，可在其他文献中查到。

δ 可表示为式(2-34)：

$$\delta = 90I - (90I-\delta_m)\left\{1+\left[\frac{\log\left(\frac{f_d}{f'}\right)}{R_d}\right]^2\right\}^{\frac{m_d}{2}} \tag{2-34}$$

式中：δ_m——固定频率 f_d 下的相位角，也 δ_m 即是沥青的弯曲点；

f'——约化频率；

f_d——δ_m 出现时的频率谱位置参数；

R_d、m_d——形状参数。

Zeng 等并没有对 I 的定义作详细的说明。但他们指出 $f > f_d$ 时，$I=0$；当 $f \leqslant f_d$ 时，$I=1$（对沥青），对沥青混合料 I 始终等于 0。

当频率从 0 变化到无穷大时，式(2-34)可以满足 δ 值从 0 变到 90°的要求。像其他的研究者一样，Zeng 等用 WLF 方程表示沥青的移位因子。另外，他们指出当在低温条件下使用 Arrhenius 方程。Zeng 等分别对沥青样品进行 DSR 动态剪切试验和简单剪切试验，测试样

品包括9种改性沥青、36种沥青混合料、4种闪配。试验在很宽的频率、温度、应变范围内进行。结果表明模型与试验数据吻合非常好，尤其是$|G^*|$主曲线的预测值和试验值吻合。

相反，Zeng等发现δ主曲线的吻合不如$|G^*|$主曲线好，可能是由于试验测量和分析误差引起造成的。这种差别的原因仍不是很清楚，但是他们认为这是由于沥青混合料中的沥青和集料对温度的依赖性不同造成的。

（8）AL-Qadi模型

AL-Qadi等提出了关于$|G^*|$和δ的新的模型，以用来描述直馏沥青和改性沥青的线性单区间的流变性质。他们利用带平行板的DSR动态剪切流变仪在0.01~30Hz频率范围和温度从5~75℃范围的条件下进行动态力学分析。根据Harriliak和Negami函数提出了$|G^*|$的表达式(2-35)：

$$|G^*| = G_g \left[1 - \frac{1}{\left[1 + \left(\frac{\omega}{\omega_0}\right)^V\right]^W} \right] \tag{2-35}$$

式中：ω_0——范围参数，它定义了频率轴上发生的位置；

V、W——无量纲模型参数。

δ的表达式见式(2-36)：

$$\delta = \frac{90}{\left[1 + \left(\frac{\omega_e}{\omega_0}\right)^V\right]^W} \tag{2-36}$$

式中参数的意义同前。

图2-11列出了$|G^*|$和δ主曲线实测值和预测值的对比。Al-Qadi等用WLF方程描述沥青的温度依赖性。该研究发现模型的预测值与实测值有很好的吻合性。同时，δ模型适合描述基质沥青的性质，且误差在5%以内。尽管如此，该模型在描述精确测量的δ主曲线时仍有偏离。但是实测值与预测值的差值在10%以内，在此种试验中，这样的差值是可以接受的。

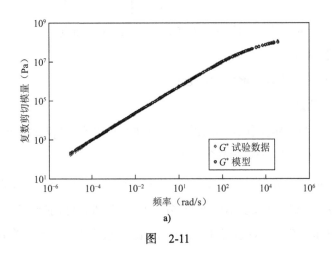

图 2-11

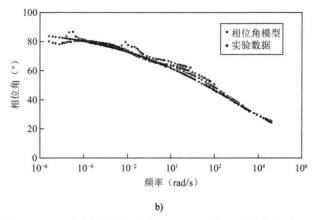

b)

图 2-11 $|G^*|$ 和 δ 主曲线实测值和 Al-Qadi 模型预测值的对比。

（9）多项式模型

尽管多项式模型最初是用来描述沥青混合料性质的，但它可以用来描述沥青的 $|G^*|$ 主曲线。像 Mohammad 建议的那样，为了实际应用的目的，简单的多项式模型可以描述由动态剪切试验测得的 $|G^*|$ 主曲线。多项式模型的表达式可由式(2-37)表示：

$$\log|G^*| = A(\log f)^3 + B(\log f)^2 + C(\log f) + D \tag{2-37}$$

式中：f——约化频率；

A、B、C——形状因子；

D——范围参数。

该模型在中高温区域与实测值的吻合令人满意。但是，随着温度的降低或升高。曲线开始变形，变形程度取决于方程的自由度。所以，单独一个多项式不足以描述整个主曲线方程。且沥青的线性黏弹流变性质是不完整的，因为多项式模型没有考虑 δ 的变化。

（10）反曲线模型（S 形模型）

美国国家合作公路研究计划项目 A-37A 中的基于力学的路面设计中引入了一个全新的动态模量函数：S 形模型。在该计划中，S 形模型用来描述模量主曲线的速率依赖性。S 形模型的数学表达式可用式(2-38)表示：

$$\log|G^*| = \upsilon + \frac{\alpha}{1 + e^{\beta + \upsilon(\log\omega)}} \tag{2-38}$$

式中：$\log\omega$——约化频率的对数形式；

υ——较低的那个渐近值；

α——上渐近值与下渐近值的差值；

β——渐近值和弯曲点所在位置间的形状。

该模型中，α_T 代表为黏度的函数，该黏度函数允许沥青路面的寿命周期内的老化。参数的定义如图 2-12 所示。

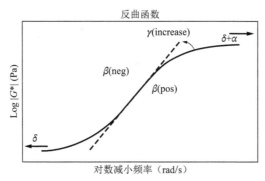

图 2-12 反曲模型的定义

S 形模型被许多研究者广泛应用在筑路行业中，该模型的详细介绍见文献，像多项式模型一样，S 形模型仅建立了$|G^*|$主曲线的函数，而没有将δ性质考虑在内。因此，他不能描述材料的全部性质，为了工程应用的目的，一般情况下，改性沥青和非改性理性的G_g可取 1GPa。Bonaquist 和 Christensen 提出了修正的 S 形模型如式(2-39)所示：

$$\log|G^*| = v + \frac{\text{Max} - v}{1 + e^{\beta + v[\log(\omega)]}} \tag{2-39}$$

式中：Max——复数模量的最大值；

其他参数意义同前。

（11）法国道桥中央实验室主曲线建立方法

法国道桥中央实验室（法国的国立实验室，致力于道路桥梁方面的实用研究，简称 LCPC）的 Chailleux 等为了监理负数模量主曲线而采用了一种经验方程。研究者们基于 Booij 和 Thoone 的先人的研究结果，应用 Kramers-Kronig 关系将$|G^*|$和δ用复杂方程联系起来。该函数实数和虚构部分之间的积分变换关系通常被称为 Kramers-Kronig 关系。

Booij 和 Thoone 利用力学测定仪在 5 个不同频率和 22.85～119.85℃之间对聚醋酸乙烯样品进行了动态试验。得到了G'和G''对频率的叠加曲线。这是通过在参考温度 34.85℃下对两者的主曲线进行实践温度等效移位实现的。Booij 和 Thoone 同样测定了其他材料的力学参数关系，包括大量的介电数据，结果表明各变量的误差均在 5%以内。$|G^*|$和δ的 Kramers-Kronig 近似方程如下式所示：

$$\log|G^*(\omega)| - \log|G^*(\infty)| = -\frac{2}{\pi}\int_0^\infty \frac{\mu \cdot \sigma(\mu) - \omega \cdot \sigma(\omega)}{\mu^2 - \omega^2} d\mu \tag{2-40}$$

$$\sigma = \frac{2\mu}{\pi}\int_0^\infty \frac{\log|G^*(\mu)| - \log|G^*(\omega)|}{\mu^2 - \omega^2} d\mu \tag{2-41}$$

式中：μ——虚拟变量。

式(2-41)可变为：

$$\sigma = \frac{2}{\pi} \cdot \frac{\text{d}\log|G^*|}{\text{d}\log\omega} \tag{2-42}$$

Chailleux 等人用下面的移位因子关系来表征沥青的温度依赖性：

$$\log a(T_i, T_o) = \sum_{j=i}^{j=\text{ref}} \frac{\log |G^*_{(T_j)}| - \log |G^*_{(T_{j+1})}|}{\sigma_{\alpha VT}^{(T_j, T_{j+1})}} \cdot \frac{\pi}{2} \tag{2-43}$$

式中：$\sigma_{\alpha VT}$——测得的 ω_j 和 ω_{j+1} 的角度平均值；

其他参数意义同前。

为了验证这个方法的适用性他们对未改性沥青，SBS 改性沥青和两种沥青混合料进行 DMA 分析。提出用 $\mathrm{d}\log|G^*|$ 或 $\mathrm{d}\log\omega$ 的变化来确证 Booij 和 Thoone 方程和 Kramers-Kronig 关系（图 2-13）。

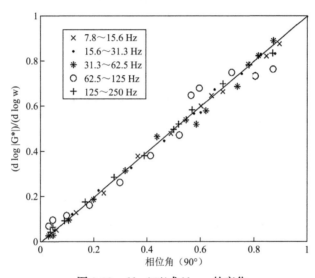

图 2-13　$\mathrm{d}\log|G^*|$ 或 $\mathrm{d}\log\omega$ 的变化

早先，Marasteanu 和 Anderson 就将 Booij 和 Thoone 近似用于 71 个沥青和改性沥青样品的动态剪切数据的分析。通过计算 log 坐标下 $|G^*|$ 对 ω 的斜率可以检验 Booij-Thoone 关系的适用性，因为两个连续的 $\log|G^*|$ 值差别的比值被其相应频率处分开，这是由频率差别造成的。随后，δ 值是由两个相应频率的平均值取得。线性黏弹模型并没有被假定且斜率是简单计算得到的。而且 Booij-Thoone 近似可以用来计算松弛时间谱。该近似如下式所示：

$$H(\tau) \cong \frac{1}{\pi}[|G^*|\sin 2\sigma]\omega = \frac{1}{\pi} \tag{2-44}$$

式中：τ——松弛时间；

$H(\tau)$——时间 τ 处的松弛强度；

其他参数意义同前。

在研究中将该方程应用在不同温度下的频扫数据上可得到平滑的主曲线。该近似对于沥青 DSR 数据的建模及得到流变主曲线具有重要的作用，值得一提的是该模型对于中高温度的数据吻和非常好。

（12）新复数模量和相位角预测模型

为了突破 MEPDG（基于力学的路面设计指导）中现有模型不足，Bair 和 Witczak 发明了预测$|G^*|$和σ的新模型。该模型来自 41 个不同基质沥青和改性沥青的 8940 个数据。$|G^*|$的表达式如式(2-45)所示：

$$|G^*| = 0.0051 f_s \eta_{f_s,T}(\sin\sigma) 7.1542 - 0.4929 f_s + 0.0211 f_s^2 \tag{2-45}$$

式中：f_s——动态剪切频率；

$\eta_{f_s,T}$——沥青关于频率f和温度T的函数δ为相位角。$|G*|$的最大值为 1GPa。δ是用非线性优化方法得到的，如式(2-46)所示：

$$\sigma = q_0 + (b_1 + b_2 \text{VTS}') \cdot \log(f_s \times \eta_{f_s,T}) - (b_3 + b_4 \text{VTS}') \cdot \log(f_s \times \eta_{f_s,T}) \tag{2-46}$$

$$\text{VTS}' = 0.9699 f_s^{-0.0575} \cdot \text{VTS}$$

式中：f_s——动态频率；

VTS——黏温指数；

b_1、b_2、b_3、b_4——拟合参数（-7.3146、-2.6162、0.1124、0.2029），拟合参数随沥青种类的变化很小。

为了评价该模型的适用性，Bair 和 Witczak 运用估计差和标准差的比值和决定系数R^2来评估实测与预测值的吻合性。一般来说，Bair 和 Witczak 发现预测值和实测值有很好的关联性。新的δ模型对非改性沥青的吻合程度好于改性沥青。试验中用的改性沥青的模量具有多变性。因为改性剂的类型和数量不同。然而，41 个沥青样品曲线总体的便利在实际中是可忽略的，且预测模型曲线与等量线非常接近。若要继续完善该模型则需要更多的改性沥青样品因为现有的模型这只是用了少量改性沥青。

（13）广义逻辑斯蒂 S 形模型（Logistic Sigmoidal Model）

Rowe 等为了预测沥青的硬度而引入一个广义的 S 形模型，称为广义逻辑斯蒂 S 形模型（或 Richards 模型）。该模型对沥青适用的，其表达式如下：

$$\log|g^*| = v + \frac{\alpha}{[1 + \lambda e^{\beta + \gamma(\log\omega)}]^{1/\lambda}} \tag{2-47}$$

其中，参数可使主曲线呈现不对称形状。当λ值减小到 1 时，方程(2-47)简化为式(2-38)中的 S 形模型。因为在大多数工程应用中，玻璃化模量和取为 1GPa。因此将式(2-47)变换为以下形式：

$$\log|g^*| = v + \frac{\text{Max} - v}{[1 + \lambda e^{\beta + \gamma(\log\omega)}]^{1/\lambda}} \tag{2-48}$$

式中：Max——复数模量最大值。尽管广义逻辑斯蒂 S 形模型提高了对不对称主曲线的吻合度，但该模型像 S 形模型一样无法预测改性沥青的性质；

其他参数意义同前。

2.3　力学元件模型

构造线性弹簧和黏壶类比模型来模拟沥青的线性黏弹行为是有用的。弹簧（遵从胡克定律）是服从线性拉力关系的理想弹性元件，而黏壶（牛顿定律）是应力与应变速率或正比关系的理想黏性元件。大量由弹簧和黏壶排列组合得到的不同模型（如 Jeffry，Zener，Burzer 模型等）可以用来获得黏弹性材料的数学表达式。然而，如 Monlsmith 报道的那样没有任何一个这样的模型是适合于沥青的黏弹性的。

（1）Huet 模型

Huet 模型最初由 Christian Huet 构思出来以用来模拟沥青和沥青混合料的性质。该模型由一个弹簧（G_∞）和 2 个抛物线形元件（k、h）串联构成，如图 2-14 所示。根据 Olard 和 Di Benedetto，抛物线元件是蠕变柔量和复数模量的抛物线蠕变方程的类比模型，表达式如下：

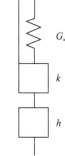

图 2-14　Huet 模型

$$J(t) = a\left(\frac{t}{\tau}\right)h \tag{2-49}$$

$$G^* = \frac{(i\omega\tau)^h}{a\Gamma(h+1)} \tag{2-50}$$

式中：$J(t)$——蠕变函数；

　　　h——指数且 $0 < h < 1$；

　　　a——无量纲常数；

　　　Γ——伽马函数；

　　　t——加载时间；

　　　τ——特征时间（其值随温度变化）；

　　　i——复数（$i^2 = \sqrt{-1}$）；

　　　ω——角频率。

该模型为连续谱且可由无限 Kelvin-Voigt 模型串联或 Maxwell 模型并联表示。$|G^*|$的表达式如式(2-51)所示：

$$G^* = \frac{G_\infty}{1 + 0(i\omega\tau)^{-k} + (i\omega\tau)^{-h}} \tag{2-51}$$

式中：G^*——复数模量；

　　　G_∞——复数模量的极限；

　　　h、k——指数，$0 < h < 1 < k < 1$；

　　　0——无量纲常数。Huet 方程可以解释响应频率不对称的原因。

Huet 用 WLF 方程来描述沥青的温度依赖性，他用 Cole-Cole 图表示了由单调加载方式获得的结果。可以看出，Huet 模型对此种加载方式是非常适合的。但是，普遍认为该模型不适合改性沥青。另一个缺点是该原始的力学模型不含黏性单元以模拟永久变形，而 Burger 模型，Maxwell 模型及 kelvin-Voigt 串联单元（四参数模型）含有黏性单元。

（2）Huet-Sayegh 模型

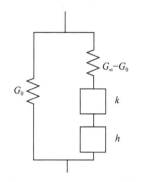

Sayegh 基于广义 Huet 模型发明一个模型，它是在 Huet 模型上并联了一个刚性弹簧得到。该模型包括两个弹簧（G_0、G_{20}-G_0）和两个抛物线型元件（k、h），如图 2-15 所示。若 G_0 和接近 0，则 Huet-Sayegh 模型就等同于 Huet 模型。实际上，Huet-Sayegh 模型更像是 Zener 模型，只不过是 Zener 模型中的线性黏壶换成了两个抛物线模型。

图 2-15 Huet-Sayegh 模型

该模型的数字表达式为：

$$G^* = \frac{G_\infty - G_0}{1 + 0(i\omega\tau)^{-k} + (i\omega\tau)^{-h}} \quad (2-52)$$

式中：G_0——弹性模量；

0——无量纲常数。

a、b、c 可由特征时间 τ 来决定，且 τ 可由下式计算：

$$\ln \tau = a + b\Gamma + c\Gamma^2 \quad (2-53)$$

式中：a、b、c——代表材料特性的回归系数，该模型最初用来表征混合料的性质但也可以用在未改性沥青上。

不像 Huet 模型那样，Huet-Sayegh 模型的蠕变方程关于时间的函数是没有表达式的。Olard 和 Di Benedetto 试图用 Huet-Sayegh 模型吻合沥青和沥青混合料的数据，他们发现该模型在很低频率区域是不适用的，即使在低频区，用抛物线元件代替黏壶是等价的。该模型仍然缺少像 Bwger 模型那样代表沥青永久变形的元件。

（3）Di Benedetto-Neifar（DBN）模型

DBN 模型是由 Di Benedetto 和 Neifar 为沥青混合料专门研发的。DBN 模型是 Di Benedetto 和 Neifar 的缩写，既考虑到小应变下沥青的线性黏弹性质，也考虑到了大应变条件下的塑性流动。为了在模型的复杂性和尽可能好的描述材料性质之间找到折中，考虑的模拟物的数量应该是合理的，如图 2-16 所示。DBN 模型可以用来描述沥青线性黏弹区间的流变性质，DBN 模型中的 G^* 方程如下式所示：

$$G^* = \left(\frac{1}{G_0} + \sum_{i=1}^{n} \frac{1}{G_i + i\omega\eta_i(\Gamma)}\right)^{-1} \quad (2-54)$$

式中：G_0——单个弹簧的弹性模型；

η_i——黏度对温度的函数；

其他参数意义同前。

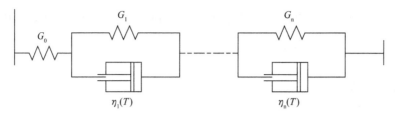

图 2-16　Di Benedetto and Neifar（DBN）模型

$\omega = 2\pi f$ 元件体的个数 n 可以任意选取。DBN 模型与广义 Kelvin-Voigt 模型类似，除了 DBN 模型中不包括"结束"黏壶。为了便于对比。广义 Kelvin-Voigt 模型如下式所示：

$$G^* = \left(\frac{1}{G_0} + \sum_{i=1}^{n}\frac{1}{Gi + i\omega\eta i(T)} + \frac{1}{i\omega\eta o}\right)^{-1} \quad (2\text{-}55)$$

Di Benedetto 和 Neifar 用 2S2P1D 模型对 DBN 模型进行了校正，发现两模型与优化试验过程得到的数据之间有很好的吻合性，然而，Blad 等指出利用 2S2P1D 的校正会导致 2S2P1D 的不确定性，同样也会导致 DBN 模型的不确定性。

（4）2S2P1D 模型

Olard 和 Di Benedetto 为了描述沥青和混合料的线性黏弹轻质而发明了一个新的力学元件。该模型是基于 Huet-Sayegh 模型提出的，包括 2 个弹簧，2 个抛物线模型和 1 个黏壶，如图 2-17 所示。Olard 和 Di Benedetto 引入的模型包括 7 个参数，G^* 可由下式表示：

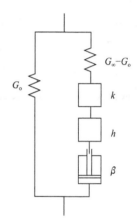

图 2-17　2S2P1D Model

$$G^* = G_0 + \frac{G_\infty - G_0}{1 + 0(i\omega\tau)^{-k} + (i\omega\tau)^{-h} + (i\omega\tau\beta)^{-1}} \quad (2\text{-}56)$$

式中：0 和 β——无量纲常数；

其他参数含义同前。

像 Huet-Sayegh 模型一样，该模型为连续谱（也就是由无数组 Kelvin-Voigt 元件串联或 Maxwell 模型并联构成）。Olard 和 Di Benedetto 发现沥青的 G_0 非常接近 0；因此，对沥青来说，参数减少到 6 个，这是因为 G_0 各异被忽略。他们对 9 种沥青和 4 种相同级配混合料进行了复数模量测定 Olard 和 Di Benedetto 用 WLF 方程描述沥青的温度依赖性且 C_1 和 C_2 是由试验数据优化过程得到的。Delaporte 等应用该模型进行了验证，发现沥青填充玛碲脂的实测值和预测值非常吻合。一般认为 2S2P1D 模型在描述理性线性黏弹区间的流变形时可以为建筑减少测定投入。

然而，Olard 和 Di Benedetto 在他们的研究中发现一些异常现象，即相位角在 50°~70° 之间时，模型与试验数据不能完全吻合。为了解决此异常现象，Olard 和 Di Benedetto 建议引入第三个抛物元素，但这会大大增加模型的复杂性。该模型的另一个弊端是适用在改性沥青，尤其是在高温条件下。为了解释改性沥青，Olard 和 Di Benedetto 引入了局部时温等

效原则，因为他们发现改性沥青只有在温度低于 10℃时才趋于服从 TTSP。因此，PTTSP 是用来构建|G^*|主曲线的位移步骤。

2.4 本章小结

本小节介绍了预测沥青线性黏弹区间内的流变性的模型方法。沥青的线性黏弹性通常用复数模量和相位角曲线来表示，这些描述主曲线的模型可分为三类：非线性多变量模型、经验代数方程和力学元件模型。然而，由于计算机技术的出现，多变量模型逐渐被淘汰，取而代之的是经验代数方程和力学元件模型。力学元件模型的优点是用元件来模拟结构特征是可靠的，这也是经验代数方程的优点。一般来说，所有这些模型都可以较好地描述沥青的流变性质，前提是在测定温度下、时间范围内没有重大结构重排且试验是在线性黏弹区间内进行。然而，当出现蜡、沥青质含量高，结晶结构存在及聚合物改性均会使沥青出现热流变复杂性，从而导致时-温等效原理的失效。而局部时-温等效原理为热流变复杂材料提供了一个新的解决途径。

第 3 章

热塑性弹性体改性沥青的流变特性及微观相态

通过掺加热塑性弹性体对沥青进行改性是现今较为常见的方法，用这种方式可以提高沥青的高温、低温性能，相较于普通沥青其具有更为显著的抗老化性能和抗疲劳性能，起到延长路面寿命、抵抗反射裂缝、降低胎噪的作用。尽管掺加聚合物所得到的改性沥青有诸多优点，但是聚合物对沥青流变特性的影响很大，沥青的黏弹参数（储存模量G'、损失模量G''、相位角δ等）对聚合物改性沥青内部结构的变化非常敏感。聚合物改性沥青是多相体系，多相体系的性能不仅与各组分的组成和性质有关，更重要的是多相体系的微观相态对该体系的性能有很大的影响，因此，研究聚合物改性沥青的流变特性及微观相态对于阐明改性沥青"结构-性能"的关系具有重要的指导意义。本章对道路 SBS 改性沥青和道路胶粉改性沥青的流变特征及微观相态进行详细的阐述。

3.1 路用 SBS 改性沥青的流变特征及微观相态

3.1.1 SBS 嵌段比对改性沥青流变特性的影响

沥青具有优良的黏结性、黏弹性及强度等性质，其通常作为集料的黏结剂而广泛使用于路面的铺装罩面。车辆载重、交通量的增加以及极端天气导致了多种路面病害。目前沥青路面病害主要包括永久变形、疲劳开裂和温缩开裂。这些病害的出现导致沥青路面养护成本的增加，并缩短了沥青路面的使用寿命。非常值得注意的是上述病害直接与沥青的性质相关，如黏弹性、强度及塑性变形速率等，其中黏弹性的影响最大。用聚合物对沥青进行改性的目的是提高沥青的黏弹性质、热敏感性及抗老化性等。

用作沥青改性剂的聚合物通常分为热塑性弹性体和塑性体聚合物。其中 SBS 是应用最为广泛的一种聚合物改性剂。SBS 全称是苯乙烯-丁二烯-苯乙烯嵌段共聚物。SBS 呈现两相形态，结晶态的苯乙烯相分散在橡胶态的丁二烯相中。聚苯乙烯段的玻璃化温度为95℃，而聚丁二烯段的玻璃化温度为–80℃。当温度介于聚苯乙烯段和聚丁二烯段的玻璃化温度之间时，聚苯乙烯段呈现结晶态，因而有利于提高SBS的强度和硬度，而聚丁二烯段是橡胶态的，可以提供弹性。正是SBS的这种特殊性质，使得高低温性能都能得到兼顾，因而成为应用最广的沥青改性剂。

当SBS混溶到沥青中后，体系在微观上形成两相，即沥青中的轻组分溶胀聚合物形成的富聚合物相分散在沥青相中（图3-1），沥青相中沥青质的含量大于原基质沥青的，这是因为沥青中的部分轻馏分迁移到富聚合物相中。沥青通常分为饱和分、芳香分、胶质和沥青质，也就是常用的SARA组分。然而，每个组分的溶解度参数不同，导致各组分与聚苯乙烯段、聚丁二烯段的相互作用程度不同。

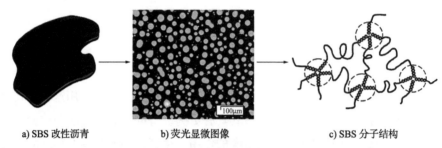

a) SBS 改性沥青　　　b) 荧光显微图像　　　c) SBS 分子结构

图 3-1　不同尺度下 SBS 对改性沥青的影响示意图

SBS的结构组成对流变性、力学性质和微观相结构具有重要的影响，如嵌段比S/B、分子构型和分子量等。虽然有部分文献研究了聚合物分子结构参数对改性沥青性能的影响，但这些研究都是基于沥青的常规指标。因此，嵌段比S/B如何影响沥青的流变性等问题仍然没有得到解决，仍需要进行深入研究。

本小节的目的是阐明不同嵌段比S/B结构的SBS对改性沥青流变性的影响。为此，本部分以不同组成的沥青和不同S/B结构的SBS制备改性沥青，然后对样品进行全面的流变学测试，包括频率扫描、温度扫描、稳态黏流和蠕变测试。

1）试验与方法

（1）试验材料

基质沥青选择中石油秦皇岛和高富AH-90，分别标记为沥青a和沥青b。尽管沥青a和沥青b的针入度分级相同，但两者的化学组成不同，也就是SARA组分不同，以便研究SBS与沥青组分间的相互作用。基质沥青的物理性质和化学组成见表3-1。

基质沥青的物理性质和化学组成　　　　　　表3-1

项目	规格	测量值	
		沥青a	沥青b
针入度（25℃，0.1mm）	ASTMD5	89	90
针入度指数PI	ASTMD5	−0.69	−0.67

续上表

项目	规格	测量值	
		沥青a	沥青b
软化点（R&B，℃）	ASTMD36	44.4	41.7
延度（15℃，cm）	ASTMD113	186	171
运动黏度（135℃，Pa·s）	ASTMD4402	0.375	0.453
密度（15℃，g/cm³）	ASTMD70	1.020	1.029
饱和分（wt%）	ASTMD4124	19.7	18.9
芳香分（wt%）		43.0	39.4
胶质（wt%）		25.7	28.3
沥青质（wt%）		11.6	13.4

SBS 由中石化岳阳巴陵石化分公司提供，其性状为白色蓬松的棒状固体，SBS 是平均分子量为 100000g/mol 的线性分子，但其中所含的 S/B 结构不同，其分子结构如图 3-1c）所示。SBS 的基本性质见表 3-2。另外，也用到了聚苯乙烯以便和 SBS 进行对比。

SBS 的基本性质　　表 3-2

项目	单位	共聚物		
		SBS-1	SBS-2	SBS-3
分子量	—	linear	linear	linear
嵌段比	—	20/80	30/70	40/60
平均分子量	10^4g/mol	10.0	10.0	9.8
挥发性	wt%	0.7	0.7	0.7
灰分含量	wt%	0.2	0.2	0.2
抗拉强度	MPa	8	15	20
断裂伸长	%	800	750	700
肖氏硬度	A	65±7	75±7	90±5
熔体流动速率	g/min	0.1~5	0.1~5	0.5~5

（2）SBS 改性沥青的制备

采用熔融混炼法制备 SBS 改性沥青。制备工艺和条件在前期研究工作的基础上进行了优化，以得到性能最优的改性沥青，并将其他因素的影响降到最低。本研究中用到的基质沥青均取自同一批沥青样品，其受热历史、储存条件等完全一样，因为基质沥青的受热历史等会对改性沥青样品的性能产生影响。

具体制备过程如下：

熔融后的沥青称量后倒入圆筒形容器内，然后加热到 175℃，加入 3wt%（内掺法）的

SBS 后在 4000r/min 转速下剪切 30min，随后在搅拌器上搅拌 3h，以得到均匀的样品。为了与 SBS 对比，按照同样的方法制备了聚苯乙烯（PS）改性沥青。为了简明起见，基质沥青a与表 3-2 中不同结构的 SBS 制备的改性沥青样品分别编号为 SBS_a-1、SBS_a-2 和 SBS_a-3；基质沥青b同理可得。

（3）测试分析

采用控制应力动态剪切流变仪（DSR，美国 TA 公司）对制备的改性沥青样品进行表征，夹具选择直径为 8mm 和 25mm 的平行板。首先对每个样品进行应力和应变扫描以确定样品的线性黏弹区间；然后在线性黏弹区间内对样品进行小角振荡剪切试验，分别得到 5℃、25℃、50℃和 75℃下的等温频率（0.1~50rad/s）扫描结果。

具体操作过程如下：

将约 0.1g 的样品放置于平行板的下板上，将平行板安装在流变仪上，设定测试起始温度，在样品变软后降低上板挤出部分样品，修整样品后将平行板的间距设为 1mm（直径 25mm 板）或 1.5mm（直径 8mm 板）。温度扫描的范围为 10~100℃，升温速率为 1℃/min，频率为 10rad/s。在流变仪的稳态剪切模式下对样品进行稳态黏流测试，夹具为直径 25mm 平行板，样品间距为 1mm。在 60℃及较宽的剪切速率范围内（10^{-3}~$10^2 s^{-1}$）测定样品的黏流性质。需要注意的是：中高温度的流变测试选择板直径 25mm，板间距 1mm；低温测试选择板直径 8mm，板间距 2mm。

弯曲梁流变仪（BBR）用来测量沥青在极低温度下的蠕变性质，而在此温度下的沥青硬度太大，无法在 DSR 上进行测试。DSR 和 BBR 的联用可以给出沥青使用温度下非常全面的流变学信息。BBR 利用工程上的小梁原理来表征温度降低时沥青的开裂趋势。可以从 BBR 上得到两个指标，即蠕变劲度$S(t)$和劲度随时间的变化率m值。为了避免低温下沥青的开裂现象，沥青性能分级标准（PG）要求 BBR 加载 60s 的$S(t)$不大于 300MPa 及m值不小于 0.3。BBR 测试的温度为-18℃和-24℃。

本小节采用时-温等效原理得到宽频宽温范围内的黏弹性，而这种数量级跨度非常大的黏弹性几乎是不可能直接测量得到。时-温等效原理阐述了延长时间（或降低频率）对材料力学性质的影响与升高温度是等效的。在满足时-温等效原理的条件下，试验测得的各种黏弹参数都可以用移位因子叠合成主曲线。

2）线性黏弹性

沥青路面的使用性能很大程度上取决于沥青胶结料的力学和黏弹性能，而聚合物对沥青胶结料性能的影响很大。并且沥青的线性黏弹参数（储存模量G'，损失模量G''，相位角δ等）对沥青组成和内部结构的变化非常敏感。因此，采用动态流变测试来研究 SBS 中不同的 S/B 结构对沥青性能的影响是非常有效的方法。在沥青流变学中，黏弹参数对频率（或时间）的依赖性是非常重要的信息，尤其是储存模量G'和损失模量G''对频率的依赖性。不同 SBS 改性沥青的储存模量和损失模量对频率的依赖性如图 3-2 所示。

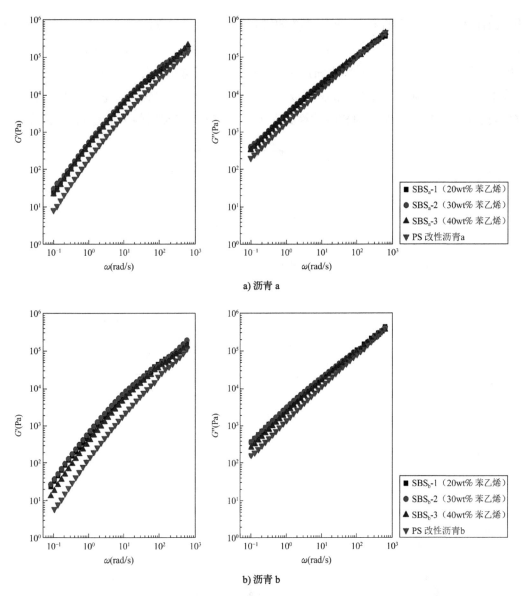

图 3-2　不同 S/B 结构 SBS 改性沥青的储存模量 G' 和损失模量 G'' 对频率的依赖性（50℃）

由图 3-2 可知，G' 和 G'' 随频率的增加而大幅度上升，当频率由 0.1rad/s 变化到 100rad/s 时，G' 和 G'' 增加幅度超过了 4 个数量级。G' 和 G'' 之间的差值随频率的增加而减小。当频率大于某特定值时，G' 将会等于或大于 G''。在测试频率范围内以及测试温度为 50℃时，G'' 始终大于 G'，这表明在 50℃时改性沥青的流变性质以黏性性质为主。不同 S/B 结构的 SBS 制得的改性沥青的黏弹性是不同的，尽管这种差别很小，但仍然可以从图 3-2 中看出其中的差别。S/B 为 30/70 的 SBS 制得的样品的 G' 和 G'' 最大。SBS_a-1 的模量与 SBS_a-3 的相近，但 SBS_b-1 的模量大于 SBS_a-3。这是因为沥青 b 的沥青质含量更高，聚合物与沥青组分在分子构象上的相互作用程度更大，分子缠绕作用更强。另外，PS 改性沥青的模量始终小于 SBS 改性沥青。

尽管在沥青是否是热流变简单材料这一问题上仍存在争议，也就是时-温等效原理是否适用于沥青材料存在一定的争议，但大多数的研究表明可以通过移位因子构建连续完整的线性黏弹参数的主曲线，即时-温等效原理适用于改性沥青。因此本部分采用时-温等效原理研究SBS中不同的S/B结构对改性沥青黏弹性的影响。储存模量和损失模量的主曲线是通过不同温度下模量的依频曲线的左右移位构建成一条完整的平滑曲线得到的，左右移动的大小就是移位因子α_T。不同S/B结构的SBS改性沥青在参考温度为25℃时的主曲线如图3-3所示。

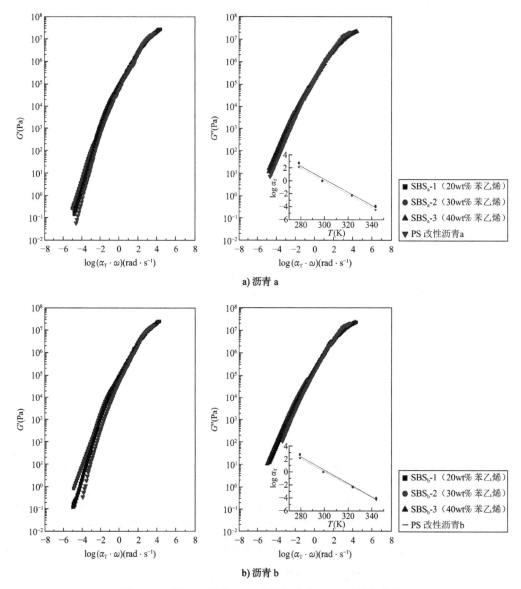

图3-3 不同S/B结构SBS改性沥青在25℃时的主曲线

由图3-3可知：

（1）时-温等效原理可以很好地适用于SBS改性沥青体系。不同S/B结构的改性沥青的主曲线在高频区（低温区）发生重叠并趋向于固定值，该固定值即为玻璃化模量。玻璃化态沥青的力学性质几乎不受聚合物的影响。而不同S/B结构SBS改性沥青的模量在低频区（高温区）呈现出较大的差别。这是因为在高温下沥青质被充分胶溶并分散在沥青中，此时聚合物的松弛行为对体系的流变性贡献最大。

（2）嵌段比 S/B 为 30/70 的 SBS 改性沥青的储存模量最大，其次分别是 20/80 及 40/60 的样品。PS 改性沥青的模量最小。这表明苯乙烯的含量越高，体系的硬度越大，SBS 难于被分散的很细，因而越难形成均匀的分散体系。苯乙烯含量为 20%（S/B = 20/80）的样品的储存模量小于苯乙烯含量为 30%（S/B = 30/70）的，因为前者的丁二烯段含量高，SBS 的柔顺性好。因此含量适中的苯乙烯可以平衡硬度和柔顺性，进而提高 SBS 和沥青的相容性和改性沥青的黏弹特性。值得注意的是所有样品均出现低频末端区，即储存模量相对于对数频率log(ω)的斜率等于 2，而损失模量相对于对数频率log(ω)的斜率为 1，这表明在该频率区间内体系完全呈现黏性性质。

移位因子随温度的变化如图 3-4 所示。

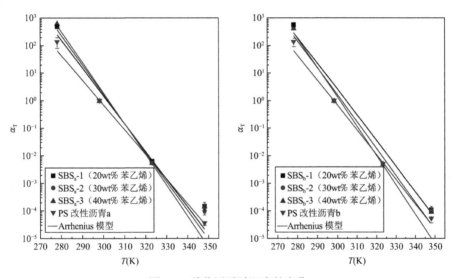

图 3-4　移位因子随温度的变化

由图 3-4 可知，不同 S/B 结构的 SBS 改性沥青在不同温度下的移位因子是不同的，而移位因子的依温性可以表征样品的感温性能。移位因子对温度的依赖性可以用类 Arrhenius 方程或 WLF 方程（Williams-Landel-Ferry）来描述。本节采用类 Arrhenius 方程表征移位因子对温度的变化。

$$\alpha_T = \exp\left[\frac{E_a}{R}\left(\frac{1}{T} - \frac{1}{T_0}\right)\right] \tag{3-1}$$

式中：E_a——活化能，与材料对温度的敏感性有关；

　　　R——普适气体常数；

　　　T——开尔文温度；

　　　T_0——参考温度，本书中T_0为室温。

尽管图 3-4 中不同 S/B 结构 SBS 改性沥青的移位因子很相近，但通过类 Arrhenius 方程的斜率可以将他们的差别定量区分开来，也就是用活化能 E_a 进行定量表征。有研究者指出：活化能与材料的分子结构特征有关，如分子量、分子构型和支化度等。

由类 Arrhenius 方程计算出的各样品的活化能见表 3-3。

表 3-3 不同 3 样品由移位因子计算得到的活化能

嵌段比 S/B	E_a（kJ/mol）	
	沥青 a	沥青 b
20/80	222.263	218.294
30/70	214.174	210.356
40/60	218.294	213.635
PS	171.268	170.666

由表 3-3 可知，苯乙烯含量为 30% 的样品的活化能最小，表明该体系对温度变化最不敏感。因此，为了提高改性沥青的黏弹性及降低温度敏感性，选用苯乙烯含量适中的 SBS 对沥青进行改性是非常必要的。研究表明 S/B 为 30/70 的 SBS 改性沥青线性黏弹性最佳。沥青质含量更高的基质沥青 b 制备的样品对应的活化能更低。另外，由移位因子得到的活化能与沥青的油源有关，因为沥青的性质受油源的影响很大。最后，PS 改性沥青的活化能低于 SBS 改性沥青的，因为 PS 的结晶度很高，硬度很大，导致其难以在沥青中分散。

3）黏流性质

为了进一步揭示 S/B 结构造成的 SBS 改性沥青性能的差别及 S/B 结构与流变学性质的关联关系，本小节对样品进行了形变更大的稳态剪切测试，在稳态剪切中聚合物的分子经历了很大的构象变化，可以得出很多有效的信息。稳态剪切测试可以得到材料的稳态流动曲线，即稳态黏度随剪切速率的变化曲线。

不同 S/B 结构的 SBS 改性沥青在 60℃时的黏性流动曲线如图 3-5 所示。

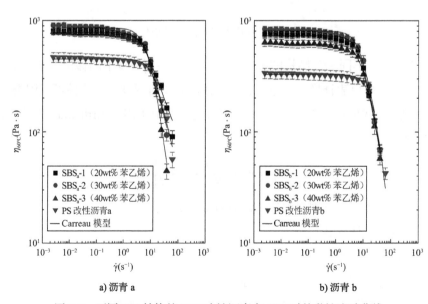

a) 沥青 a
b) 沥青 b

图 3-5 不同 S/B 结构的 SBS 改性沥青在 60℃时的黏性流动曲线

由图 3-5 可以看出，SBS 改性沥青的黏度在 60℃时随剪切速率的变化而变化，即非牛顿流体。当剪切速率较低时，黏度随剪切速率的增加而呈下降趋势。这是由于聚苯乙烯段的聚集体随整个 SBS 分子链一同移动或迁移。另一方面，在高剪切速率下，黏度随剪切速率的增加而剧烈下降，尤其是当剪切速率大于 $1s^{-1}$ 时。这是明显的"剪稀"现象。这种现象与沥青质的胶束结构有关，也是由高剪切速率下样品被挤出平板间隙造成的。苯乙烯含量为 30wt% 的样品在低剪切速率下的黏度最大，其次分别是苯乙烯含量为 20wt% 和 40wt% 的样品。与 SBS 改性沥青相比，PS 改性沥青的黏度最小，这与 PS 的溶胀程度有很大的关系。不同 SBS 改性沥青 b 样品的黏度差别大于沥青 a，这是由于基质沥青的组成不同和油源不同所造成的。

由于 S/B 结构不同导致的改性沥青黏流曲线的差别可以用 Carreau 模型进行定量表征，Carreau 模型如式(3-2)所示。

$$\frac{\eta}{\eta_0} = \frac{1}{\left[1 + \left(\frac{\dot{\gamma}}{\dot{\gamma}_c}\right)^2\right]^s} \tag{3-2}$$

式中：s——常数，与"剪稀"区的斜率有关；

$\dot{\gamma}_c$——"剪稀"拐点的临界剪切速率；

η_0——剪切速率趋于零时黏度的渐近值，也叫零剪切黏度。

由图 3-5 可以看出，Carreau 模型对 SBS 改性沥青的黏流曲线拟合度非常好。拟合得到的 Carreau 模型参数见表 3-4。

Carreau 模型参数拟合结果　　　　　表 3-4

项目	嵌段比 S/B			PS
	20/80	30/70	40/60	
沥青 a				
$\eta_0 \times 10^{-3}$ (Pa·s)	0.781	0.855	0.754	0.452
$\dot{\gamma}_c$ (s^{-1})	4.28	5.60	9.58	12.8
s	0.339	0.523	0.919	0.566
沥青 b				
$\eta_0 \times 10^{-3}$ (Pa·s)	0.721	0.795	0.604	0.323
$\dot{\gamma}_c$ (s^{-1})	7.65	7.51	8.75	24.0
s	0.705	0.675	0.723	1.14

由表 3-4 可知，零剪切黏度随苯乙烯含量的增加先升高后降低，S/B 等于 30/70 时改性沥青样品的黏度零剪切黏度最大，说明合适的 S/B 对性能的影响很关键。在工程实践中，建议选择 S/B 等于 30/70 的 SBS 对沥青进行改性。同时，随苯乙烯含量的增加临界剪切速

率变大,说明样品中的苯乙烯含量越高,对剪切越不敏感。原因是随苯乙烯含量的增加,苯乙烯聚集体微相尺寸变大,聚集效应越明显,导致 PS 段的运动和迁移变得困难,因而需要更大的剪切应力和能量。

4) 低温蠕变性

沥青路面在低温条件下其主要路面损害形式是低温开裂,这是因为当环境温度或路面温度降低时,沥青混合料会产生收缩形变。由于沥青混合料层与下层之间存在的黏结力会阻止这种收缩而产生移动,所以会在沥青胶结料中产生拉应力,当这种拉应力大于沥青混合料的抗拉强度时便会产生裂缝。这就要求沥青具备较快的蠕变速率以松弛低温下或降温过程中产生的应力。

弯曲梁流变仪(BBR)用来测量沥青在很低温度下的蠕变性质,它是利用小梁原理来表征温度降低时沥青的开裂趋势。可以从 BBR 上得到两个指标,即蠕变劲度 S 和劲度随时间的蠕化速率 m 值,分别用来表征低温下抵抗荷载的能力和松弛应力的能力。蠕变劲度过大则预示着发生裂缝的可能性较大,较低的 m 值意味着松弛能力不足以消散由于温度降低产生的应力,也会增加裂缝发生的概率。

由弯曲梁流变仪测得的不同 SBS 改性沥青在 -18℃ 及 -24℃ 时的蠕变劲度 S 和蠕变速率 m 随时间的变化如图 3-6 所示。

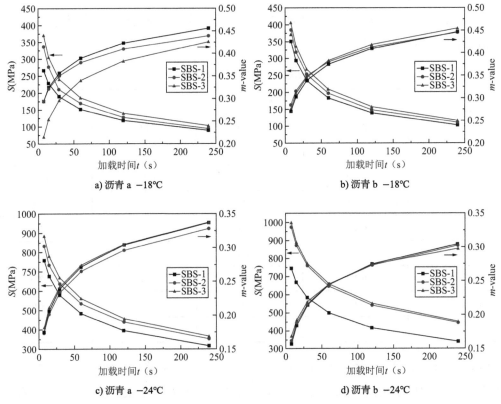

图 3-6 不同 SBS 改性沥青在 -18℃ 及 -24℃ 时的蠕变劲度 S 和蠕变速率 m 随时间的变化

由图3-6可知，蠕变劲度S随加载时间的延长呈快速降低趋势，而蠕变速率m则增加。但不同嵌段比的SBS改性沥青的蠕变劲度S、蠕变速率m及两者的蠕化速率是不相同的。当测试温度为$-18℃$时，随SBS中苯乙烯段的增加，SBS改性沥青的蠕变劲度S升高，蠕变速率降低，这表明苯乙烯段的增加使得沥青的脆性增强，这是因为测试温度处于聚苯乙烯段和聚丁二烯段的玻璃化温度之间时，此时聚苯乙烯段呈现结晶态，苯乙烯含量增加使得SBS中苯乙烯段的结晶微区变大，同时橡胶态的丁二烯段变短，从而使得改性沥青的强度和硬度增加，脆性性质加强。因而，蠕变劲度S变大，蠕变速率m降低。在相同加载时间下，改性沥青b的蠕变劲度S大于沥青a，并且不同的SBS改性沥青b之间的蠕变劲度S和蠕变速率m的差别变小，这是因为基质沥青b的沥青质含量比沥青a高，轻组分（饱和分和芳香分）较少，使得其脆性增加。当温度降低至$-24℃$时，蠕变劲度S大大升高，蠕变速率m明显降低。不同S/B结构的SBS改性沥青的蠕变速率m值之间的差别随温度的降低而变小，尤其是改性沥青b在$-24℃$时的m值几乎相等，说明在很低的温度下，橡胶态的丁二烯段对改性沥青的蠕变贡献很小。

3.1.2 SBS聚合物改性沥青多相体系的相态及其流变学表征

1）不同S/B嵌段结构的SBS改性沥青的相态

不同S/B嵌段结构的SBS改性沥青的荧光显微图像如图3-7所示。

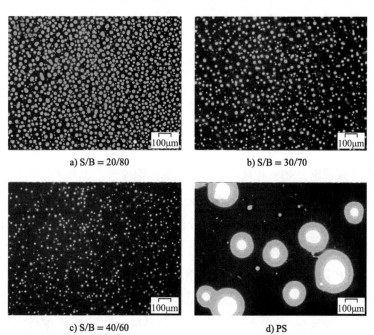

a) S/B = 20/80　　b) S/B = 30/70

c) S/B = 40/60　　d) PS

图3-7　不同S/B结构的SBS改性沥青的荧光图

在图3-7中，浅灰色部分表示聚合物相（SBS相），聚合物相是SBS颗粒吸收沥青中的部分轻组分（主要是饱和分和芳香分）发生溶胀而形成的。因为能发出荧光的是含共轭双键、苯环或大π键多芳结构的组分，所以SBS相中包含聚合物颗粒和部分沥青轻组分。暗黑色部分表示沥青相。

由图 3-7 可以看出，SBS 相以圆形或球形均匀地分散在沥青中，不同 S/B 嵌段的 SBS 相的直径和大小是不相同的。文献指出 SBS 颗粒被分散到沥青中后，由于发生溶胀作用，其体积最大可达原来的 9 倍。也就是说，对于不同结构的 SBS 和不同组成的沥青，溶胀程度是不一样的。由图 3-7a）可知，SBS-1（S/B = 20/80）相的尺寸较大，且分布最为密集，荧光强度最大，这表明该 SBS 吸收的轻组分较多，溶胀程度较大。随着 SBS 中苯乙烯含量的增加（SBS-2 到 SBS-3，S/B 由 30/70 增大到 40/60），聚合物相的直径逐渐减小，且分布越来越稀疏，聚合物相所占的体积分数也减少。

为定量表征不同 S/B 嵌段结构的 SBS 相尺寸和分布的变化，本节采用 Image-Pro-Plus 图像分析软件对聚合物相的尺寸分布进行统计分析。聚合物相的平均粒径分布如图 3-8 所示。

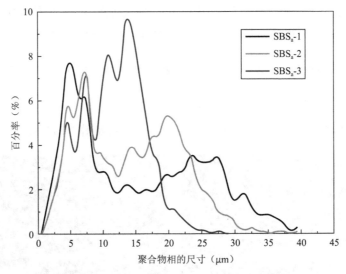

图 3-8 聚合物相（SBS）的平均粒径分布图

从图 3-8 中可以看出，SBS 相粒径分布曲线的范围随苯乙烯含量的增加而变窄，粒径较小的 SBS 相所占比重增加，说明 SBS 相分散得越来越细，尺寸分布越来越均匀。例如 SBS-1 相的粒径范围为 5~30μm，而 SBS-3 相的粒径范围为 5~20μm，表明聚合物相的直径随苯乙烯含量增加呈现变小趋势。溶胀效应是影响聚合物相尺寸和分布的重要因素。溶解度参数有助于解释 PS 段、PB 段与沥青组分的相互作用。文献指出 PB 段的溶解度参数与饱和分的相近，而 PS 段的与芳香分的相近。当苯乙烯含量较小时，PS 段及其聚集体较小，更多的 PB 段使得聚合物更趋向于橡胶态。橡胶态的 PB 结构更容易被饱和分溶胀，聚合物相的体积明显变大。当苯乙烯含量较高时，PS 段及其聚集体变大，SBS 的结晶度变大，橡胶性质减弱，因而形成了更大的、结晶度更好的 PS 微相区。所以 PS 含量高的 SBS 在沥青中的溶胀程度下降。

聚合物相所占视野的体积比例分数见表 3-5。随苯乙烯含量的增加，SBS 相占总体系的比例分数降低较为明显。聚合物相的体积分数可以反映出溶胀程度的大小，所以 SBS 在沥青中的溶胀程度随苯乙烯含量的增加而降低。

聚合物相（SBS）的体积分数　　　　　　　　　　　　表 3-5

聚合物	嵌段比 S/B	富聚合物相百分比（vol%）
SBS	20/80	39.4
	30/70	14.0
	40/60	6.41
PS	100/0	12.4

另外，PS 改性沥青的荧光图表明沥青中 PS 颗粒的尺寸非常大，这是因为 PS 具有很高的硬度和结晶度，导致 PS 难以被破碎分散，由此可以推断，SBS 中 PS 段的比例增加会导致 SBS 硬度增加，在沥青中的分散会变得困难，并且被分散的 SBS 颗粒的溶胀程度降低。

2）SBS 改性沥青的相态与黏弹性、稳定性的关系

SBS 中不同的 S/B 嵌段结构主要影响改性沥青的相态，进而影响改性沥青的流变特性、稳定性等宏观性能。SBS 改性沥青的相态可以很好地解释第二章中的流变性。为理解微观结构与宏观性能的关系，需要对 SBS 的分子结构进行阐述。不同尺度下 SBS 结构与改性沥青的相态、性能的关系示意图如图 3-9 所示。在宏观尺度上，SBS 改性沥青性质均一，在很低的温度下趋于固体弹性性质，中高温度下呈现黏弹性，而在高温区呈现典型的牛顿流体性质。在微米级尺度上，SBS 改性剂以细小颗粒均匀地分布在沥青中，被分散的 SBS 颗粒吸收沥青中的轻组分发生溶胀形成聚合物相，聚合物相分散在沥青中构成聚合物改性沥青的微观形态。所以，在微米级尺度上，SBS 改性沥青是多相分散体系；本节中的分散相是 SBS 相，分散介质是沥青。在纳米尺度上，SBS 的分子链是以一段聚苯乙烯链开始，然后连接着一段聚丁二烯分子链段，最后是一段聚苯乙烯段结束。图 3-9 的纳观分图中圆圈内为聚苯乙烯段，圆圈外的其他曲线表示聚丁二烯段。在常温下，SBS 呈现两相结构，结晶态的聚苯乙烯微相分散在橡胶态的聚丁二烯介质中。聚苯乙烯微相的玻璃化温度约为 95℃，而聚丁二烯段的玻璃化温度约为 -80℃。当处于 SBS 改性沥青的使用温度范围内时，聚苯乙烯段是结晶态的，有助于提高 SBS 的硬度和强度，而聚丁二烯段是橡胶态的，有助于 SBS 的弹性。结晶态的聚苯乙烯形成物理微相区，而聚丁二烯段将微相区连接起来，进而形成空间网状结构，这种物理空间网状结构使得改性沥青的弹性性质和黏度明显提高，因而改性沥青的模量和黏度均大于基质沥青。在高温区（改性沥青制备、储存和拌和过程），聚苯乙烯段的物理结晶区会解离分散开，SBS 分子链段游离在沥青中，空间物理网状结构消失，因此 SBS 改性沥青在低频区（高温区）呈现出与基质沥青类似的黏性性质和牛顿流体性质。但当温度降低时，聚苯乙烯段又会再一次聚集结晶，重新形成物理空间网状结构。这种特殊的性质对于改性沥青是十分有利的。

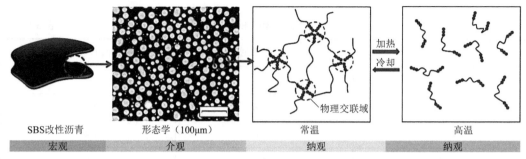

图 3-9 不同尺度下 SBS 结构与改性沥青的相态、性能的关系示意图

以下将比较不同 S/B 嵌段比对 SBS 相态、黏弹性和稳定性的影响。当 S/B 嵌段比较低时（S/B = 20/80，苯乙烯含量相对较少），聚苯乙烯段的分子链段相对较短，结晶区的聚集体相对较小，而更多的聚丁二烯段使得聚合物更加趋向于橡胶态，橡胶态的 PB 结构更容易被溶胀，SBS 相的体积明显变大。因此在黏弹性上，低 S/B 嵌段比的 SBS 改性沥青的模量、零剪切黏度相对较小，但由于其具有更多的聚丁二烯段，SBS 改性沥青的低温性能相对更好，低温弹性性质好；在储存稳定性上，低 S/B 嵌段比的 SBS 相直径相对大，颗粒容易发生聚集并进一步聚并成大颗粒，并且低 S/B 嵌段比的 SBS 的密度相对更低，与沥青的密度差导致的浮力作用加速了相分离过程。当 S/B 嵌段比增加到 S/B = 30/70 时，苯乙烯聚集体变大，橡胶态的丁二烯段减少，因而溶胀作用相对变差，SBS 相的粒径减少，SBS 改性沥青的高温性质（模量、零剪切黏度）增加。但是，当 S/B 嵌段比继续增加到 S/B = 40/60 时，SBS 的硬度明显增加，使得其在沥青中的分散变得困难，被分散的 SBS 颗粒也不容易被溶胀，与沥青组分的相互作用反而变弱，因此在黏弹性上模量、零剪切黏度反而变小，SBS 相更容易从沥青中离析出来，储存稳定性变差。因此，S/B 嵌段比存在最佳值使得 SBS 改性沥青的高低温性能均达到最优，本研究 S/B 嵌段比最优值为 30/70。

3.2 路用胶粉改性沥青的流变特性及微观相态

3.2.1 胶粉粒径对改性沥青流变特性的影响

近年来，交通量和汽车轴载的快速增加以及气候的周期性变化都加速了沥青路面病害的发生。目前公路沥青路面主要存在车辙、疲劳开裂、温缩开裂等病害形式。车辙是由于高温气候下沥青黏度降低以及交通载荷造成，是一种永久变形；疲劳开裂与车辆加载的应力—松弛循环有关；而温度开裂是由季节性、昼夜交替的温差引起。沥青是一种热黏弹性材料，在不同温度、加载方式下显示出不同的黏弹性能。研究表明，沥青路面的车辙、疲劳、开裂等病害都直接与沥青的黏弹性能相关，因此，从黏弹性的角度来研究沥青的抗车辙能力、抗疲劳以改善沥青路面的使用性能是非常必要的。

近年来，回收聚合物的再利用引起越来越多的关注，其不仅能降低成本，而且还是环境友好型的废弃物处理方式。有文献指出：中国每年报废 1400 万条汽车轮胎，而仅仅只有

700万条进行了再利用，其余的则进行填埋或堆积处理，引起巨大的环保问题（如火灾隐患、蚊虫滋生等）。而废旧轮胎在沥青中的应用不仅提高了沥青的性能，而且还是处理固体废弃物非常有效的方法。废旧轮胎通常研磨成胶粉用在沥青改性中。胶粉对沥青改性有两种工艺：干法和湿法。干法是在混合料拌和过程中加入胶粉，该过程中胶粉起到填料的作用。而湿法制备的胶粉改性沥青是胶粉与沥青在高温搅拌或剪切作用下混溶数小时得到。在湿法中，胶粉与沥青通过充分的物理化学作用而使得改性沥青的性能提高较为明显。

废旧橡胶粉改性沥青具有优良的高低温性能、抗老化性能、抗疲劳性能，能起到延长路面寿命、抵抗反射裂缝、降低胎噪的作用，而且废胶粉在沥青中的应用具有重要的环保、经济意义。很多研究认为制备工艺、胶粉和沥青的性质会影响改性沥青最终的性能，这些因素包括胶粉的粒径、制备温度、搅拌时间、基质沥青的物理化学性质等。尽管这些文献研究了胶粉改性沥青的常规指标、制备工艺、老化性质及微观结构等，只有很少数的研究关注胶粉颗粒的特性对改性沥青性能的影响。然而，这些报道用有限的测试分析手段测定了沥青的常规性能，并没有深入研究微观结构与改性沥青的流变性的关系等。

因此，本节从黏弹性的角度出发，采用流变学方法对废胶粉改性沥青的动态黏弹性能、稳态黏度进行研究，探究粒径对胶粉改性沥青储存模量G'、损失模量G''、车辙因子、黏度等黏弹性指标的影响，并运用广义Maxwell模型对结果进行拟合，进一步得到改性沥青的零剪切黏度。

1）试验与方法

（1）试验原料

$$胶质层指数(CI) = (饱和分 + 沥青质)/(芳香分 + 胶质)$$

基质沥青选择工程中常用且具有代表性的重交道路沥青，秦皇岛AH-70和AH-90，分别编号为沥青A和沥青a，其基本性质见表3-6。本试验采用4种废旧轮胎胶粉（ground tire rubber，GTR）。轮胎胶粉由青岛盛泰橡塑有限公司提供，其颗粒平均粒径分别为0.42mm、0.25mm、0.18mm和0.15mm。

基质沥青的性能和组成 表3-6

性能与组成	沥青A	沥青a
	AH-70	AH-90
针入度（0.1mm）	63	93
软化点（℃）	48.5	43.4
延展性（25℃）（cm）	>100	>100
饱和分（wt%）	19.07	15.29
芳香分（wt%）	39.85	39.79
胶质（wt%）	27.19	32.91
沥青质（wt%）	14.17	12.01
胶质层指数	0.50	0.37

（2）制备方法

废旧轮胎胶粉改性沥青在德国 IKA RW-20 搅拌器上制备，胶粉掺量为 9wt%。首先，称取秦皇岛 AH-70 和 AH-90 基质沥青并置于圆筒形容器中，将该容器置于电热套中，在慢速搅拌下升温至 170℃，然后加入对应质量、不同粒径的胶粉，转速调至 1200r/min，搅拌 3h。

（3）性能测定方法

常规指标如针入度、软化点、延度指标根据《公路工程沥青及沥青混合料试验规程》（JTG E20—2011）的测定步骤，分别在 SYD-2801E 全自动沥青针入度仪、SYD-2806E 全自动沥青软化点仪、LYY-7C 智能沥青延伸度测定仪完成。

采用美国 TA 公司生产的动态剪切流变仪 AR2000EX 进行流变学表征。取 1g 样品置于直径为 25mm 板上，调节两平行板的距离为 1050um，用热刀刮去多余样品后调至 1000um。每个样品都进行应力扫描以确保试验在样品的线性黏弹性区间内进行，应力扫描的频率为 6.283rad/s。动态剪切试验分别在 25℃、50℃和 75℃温度下进行，频率区间为 0.1～100rad/s。所有样品均测定两次以保证试验的平行性。

2）常规指标

表征沥青性能的常规指标包括软化点、针入度和延度，软化点是针入度分级体系下评价沥青高温性能的指标，实际上是沥青在特定条件下的等黏温度；针入度是表征稠度的指标，反映了沥青在一定条件下的软硬程度；延度反映了沥青的延展性，5℃延度可以表征改性沥青的低温性能。表 3-7 列出了不同粒径胶粉改性沥青常规性能指标。

不同粒径胶粉改性沥青常规性能指标　　　　表 3-7

改性沥青	胶粉颗粒直径（mm）	软化点（℃）	针入度（0.1mm）	延展性（5℃）（cm）
AH-70	0.15	60.6	41	6.5
	0.18	59.5	39	5.4
	0.25	59.0	38	6.0
	0.42	60.5	36	2.5
AH-90	0.15	57.1	47	7.4
	0.18	56.8	44	7.2
	0.25	56.9	48	7.3
	0.42	57.4	44	6.8

由表 3-7 看出，胶粉改性沥青 AH-70 的软化点略高于 AH-90，而 25℃针入度、5℃延度均低于 AH-90。表明胶粉改性沥青 AH-70 的高温性能优于 AH-90，而延展性和柔性比 AH-90 差。对于改性沥青 AH-70，在测定粒径范围内，随着粒径的增加，软化点呈现升高趋势，但变化幅度很小，针入度降低，延度呈现降低趋势，AH-90 也呈现上述规律。此结果表明，胶粉粒径的变化对改性沥青常规指标的影响较小，这是因为常规指标是经验性的指标，粒径的变化引起改性沥青宏观性能的变化都在试验误差范围内。

3）线性黏弹性

材料的黏弹性分为线性和非线性，线性黏弹性是指材料的力学性质表现为线弹性（胡克体）和理想黏性（牛顿流体）的组合。沥青及改性沥青在形变较小和应变速率较小的情况下呈现线性黏弹性，因此可以在胶粉改性沥青的线性范围内，利用线性黏弹模型（Maxwell模型）处理改性沥青的黏弹性指标。胶粉改性沥青在动态剪切流变仪上进行频率扫描试验，频率范围为 0.1～100rad/s，以获得不同粒径废胶粉改性沥青的线性黏弹性指标，即复数模量 G^*、储存模量 G' 和损失模量 G''。动态剪切模量包括两部分：储存模量 G' 和损失模量 G''。G^* 与储存模量 G'、损失模量 G'' 的关系如前述公式(2-3)所示。G' 表示沥青在受到外力时储存并可以恢复的能量，体现的是沥青的弹性成分；G'' 表示沥青在受外力时内部结构摩擦产生的以热的形式散失的能量，体现的是沥青的黏性成分；相位角 δ 的定义是黏性成分与弹性成分的比例，相位角越大，沥青黏性成分越多。

不同温度下胶粉改性沥青的 G' 和 G'' 随频率的变化规律如图 3-10 所示。

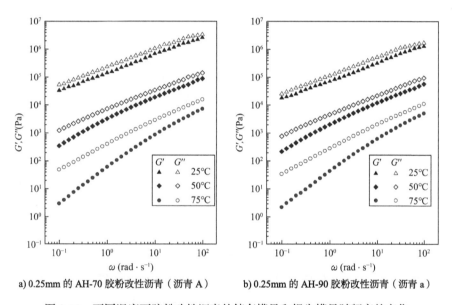

a) 0.25mm 的 AH-70 胶粉改性沥青（沥青 A）　　b) 0.25mm 的 AH-90 胶粉改性沥青（沥青 a）

图 3-10　不同温度下胶粉改性沥青的储存模量和损失模量随频率的变化

图 3-10 表明，在测定频率范围内，储存模量 G' 和损失模量 G'' 均随频率的增加而增加，相同温度下的损失模量 G'' 大于储存模量 G'，低频范围内两者差值较大，且温度升高差值变大，随着频率的增加，两者差别减小，说明在 25～75℃ 范围内胶粉改性沥青的黏性成分大于弹性成分；G' 和 G'' 均随温度的升高而降低且降幅达一个数量级，这说明温度变化对沥青模量的影响很大，75℃ 低频区的模量非常小，因为沥青在高温下呈现牛顿流体性质。另外，相同温度下 AH-70 改性沥青的储存模量和损失模量都大于 AH-90 改性沥青。

粒径对改性沥青储存模量和损失模量频率依赖性的影响如图 3-11 所示。

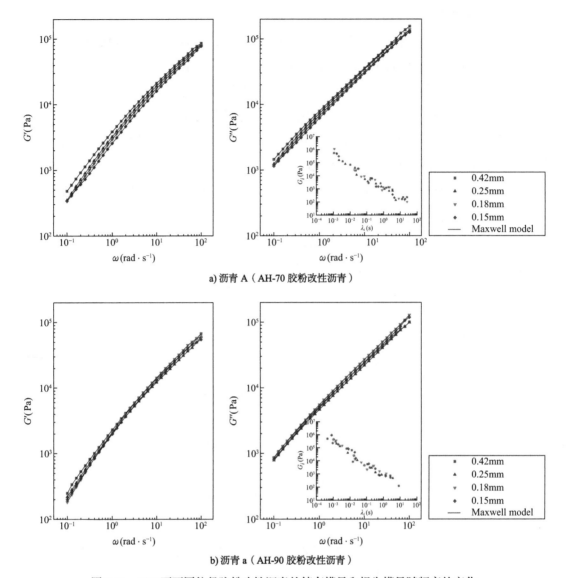

a) 沥青 A（AH-70 胶粉改性沥青）

b) 沥青 a（AH-90 胶粉改性沥青）

图 3-11　50℃下不同粒径胶粉改性沥青的储存模量和损失模量随频率的变化

由图 3-11 看出：AH-70 改性沥青的储存模量和损失模量随粒径变化差别比 AH-90 改性沥青的明显，随粒径的增加，G' 和 G'' 呈现增大趋势，且在低频区差别最明显。由图 3-11 也可看出试验结果与广义 Maxwell 模型拟合结果一致。

黏弹性材料的力学性质可采用两种基本元件描述，即胡克弹簧，其运动服从胡克定律和牛顿黏壶，并符合牛顿流体定律。最简单的模型就是 Maxwell 模型，即由一个胡克弹簧和一个牛顿黏壶串联组成。N 个 Maxwell 模型并联就构成广义 Maxwell 模型，根据 Maxwell 模型的本构关系可以得到广义 Maxwell 模型的表达式，胶粉改性沥青的离散松弛时间谱可由广义 Maxwell 模型得到。在振荡剪切模式下，废胶粉改性沥青的线性黏弹性参数可用广义 Maxwell 模型描述，表达式如下：

$$G' = G_e + \sum_{i=1}^{N} G_i \frac{(\omega\lambda_i)^2}{1+(\omega\lambda_i)^2} \tag{3-3}$$

$$G'' = \sum_{i=1}^{N} G_i \frac{\omega\lambda_i}{1+(\omega\lambda_i)^2} \tag{3-4}$$

式中：G_e——弹性模量；

λ_i——松弛时间；

G_i——松弛模量。

N组（G_i，λ_i）构成材料的离散松弛时间谱。计算离散松弛时间谱的数学方法包括最小二乘法回归、正则法和非线性回归等，其中非线性回归法的计算结果受N值的影响不大，且松弛时间范围对离散松弛时间谱的基本形状影响较小。因此，本书采用非线性回归法计算废胶粉改性沥青的离散松弛时间谱，AH-70和AH-90改性沥青的离散松弛时间谱图嵌入图3-11中。

由离散松弛时间谱可以得到废胶粉改性沥青的零剪切黏度η_0，表达式如下：

$$\eta_0 = \sum_{i=1}^{N} G_i \lambda_i \tag{3-5}$$

对所有的样品N值取12，零剪切黏度η_0是剪切速率趋近于零时黏度的渐近值。

胶粉改性沥青A和a的零剪切黏度随粒径的变化如图3-12所示。

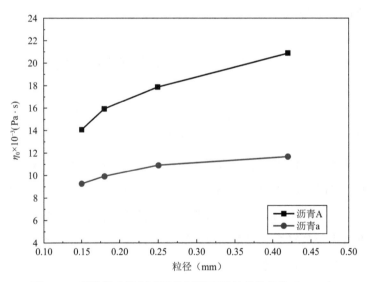

图3-12 废胶粉改性沥青零剪切黏度随粒径的变化（50℃）

由图3-12可知，两种胶粉改性沥青的零剪切黏度均随粒径的增加而增大，且呈现线性增加趋势；AH-70改性沥青零剪切黏度随粒径增加的幅度比AH-90改性沥青的大，说明前者在载荷作用下产生的形变较小，弹性恢复性能好，残留的永久塑性变形小，高温抗车辙能力较好。

Superpave 规范中定义了车辙因子 $G^*/\sin\delta$，表征沥青的高温抗车辙能力，$G^*/\sin\delta$ 越大表示抗车辙能力越强，胶粉改性沥青车辙因子随粒径变化见图 3-13。

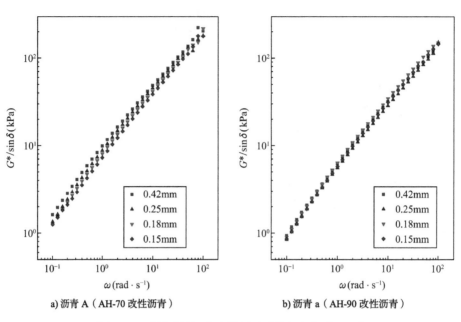

a) 沥青 A（AH-70 改性沥青）　　　　b) 沥青 a（AH-90 改性沥青）

图 3-13　胶粉改性沥青车辙因子随粒径变化（50℃）

由图 3-13 进一步看出，改性沥青车辙因子随胶粉粒径增加而增大，胶粉改性 AH-70 的抗车辙能力比改性 AH-90 的强。

4）稳态黏流性

不同粒径胶粉改性沥青及空白样 60℃时的稳态黏度随剪切速率的变化如图 3-14 所示，空白样包括原样基质沥青和经高温制备工艺后的老化基质沥青。如图 3-14 所示，原样和老化基质沥青的黏度在较宽的剪切速率范围内不随剪切速率的变化而变化，表现出明显的牛顿流体性质。目前，较为可信的是沥青的胶体模型，即沥青质胶束被胶质胶溶后分散在油分中。沥青质胶束的相互作用决定了体系的溶胶性质（牛顿流体）或凝胶性质（非牛顿流体）。文献认为当胶体指数（CI）小于 0.7 时，沥青呈现明显的溶胶性质，而本书基质沥青的 CI 均小于 0.70。因此，本书的基质沥青明显为牛顿流体。老化后基质沥青的黏度升高，这主要是因为沥青中部分轻馏分挥发和氧化导致沥青质含量上升，尤其是胶质向沥青质的转化。针入度大的基质沥青黏度的上升更显著。

胶粉改性沥青在低剪切速率下表现出牛顿流体性质，而在高剪速下表现出明显的剪稀现象。胶粉粒径越大，改性沥青低剪速下的黏度越大，高剪速下的剪稀现象越明显，表明沥青与胶粉相互作用越复杂。Carreau 模型可以较好地描述胶粉改性沥青的流动性质，Carreau 模型如式(3-2)所示。通过对试验结果拟合得到的 Carreau 模型参数见表 3-8。

胶粉粒径（Particle Size，PS）对 60℃的 Carreau 模型参数（η_0 和 $\dot{\gamma}_c$）影响如图 3-15 所示。

第 3 章 热塑性弹性体改性沥青的流变特性及微观相态

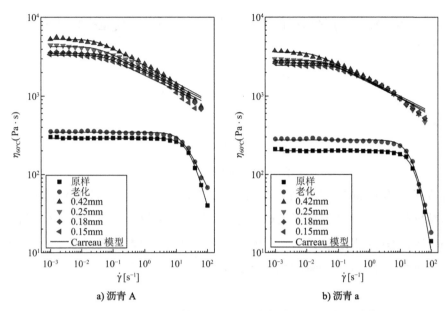

a) 沥青 A 　　　　b) 沥青 a

图 3-14　不同粒径胶粉改性沥青及空白样在 60℃时的流动曲线

拟合出的 60℃时的 Carreau 模型参数　　　　表 3-8

参数	老化前	老化后	粒径（mm）			
			0.15	0.18	0.25	0.42
沥青 A						
$\eta_0 \times 10^{-3}$（Pa·s）	0.290	0.344	3.331	3.516	4.300	5.319
$\dot{\gamma}_c$（s^{-1}）	28.144	16.199	0.045	0.063	0.029	0.028
s	0.768	0.443	0.096	0.100	0.099	0.109
沥青 a						
$\eta_0 \times 10^{-3}$（Pa·s）	0.200	0.274	2.458	2.635	2.852	3.610.
$\dot{\gamma}_c$（s^{-1}）	37.403	23.150	0.091	0.090	0.033	0.015
s	1.410	0.894	0.101	0.109	0.097	0.099

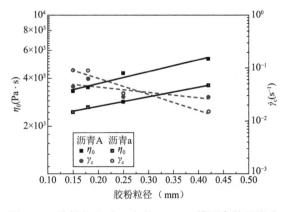

图 3-15　胶粉粒径对 60℃的 Carreau 模型参数的影响

由图 3-15 可以看出：η_0 随粒径的增加而呈指数型增长，而 $\dot{\gamma}_c$ 呈指数型下降。

对沥青 A：

$$\eta_{0,A} = 2625.4e^{1.7298PS}$$

$$\dot{\gamma}_{c,A} = 0.07202e^{-2.3385PS}$$

对沥青 a：

$$\eta_{0,a} = 2023.7e^{1.3805PS}$$

$$\dot{\gamma}_{c,a} = 0.2565e^{-6.9612PS}$$

沥青 A 黏度的增加幅度比沥青 a 大，因为前者的针入度低，沥青质含量高。Navarro 等发现胶粉颗粒在微观上并不是圆形或球形的，其长径比随粒径的增大而增大。胶粉颗粒在沥青中的分散状态也可以证实这一点。因此，黏度随胶粉沥青的增大而增大。另外，黏度和临界剪切速率的变化也与沥青的化学组成有关。

5）粒径对黏度的影响

不同温度下粒径对胶粉改性沥青黏度的影响如图 3-16 所示，温度对黏度的影响很大。

（1）较低温度下（10℃和 25℃），黏度随剪切速率的增加保持不变。这是由于沥青在此温度下弹性性质占主导。此时，胶粉粒径变化对黏度的影响很小。这是因为当周围介质（沥青相）黏度很高时，胶粉颗粒与颗粒间的相互作用很弱，甚至可以忽略。

（2）温度较高时（≥50℃），所有样品在低剪速下表现为牛顿流体，而在高剪速时出现剪稀现象，出现剪稀现象的转折点为临界剪切速率。随胶粉粒径的增加或温度的降低，临界剪切速率变小。胶粉粒径为 0.15mm 的改性沥青的黏度在 100℃和全部测定剪切速率范围内保持不变，表现为完全的牛顿流体。而在较高温度下，胶粉改性沥青的黏性性质占主导，此时胶粉颗粒大小的影响无法被忽略。

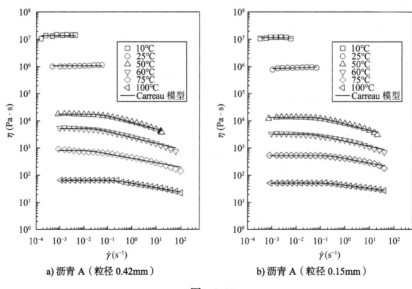

a) 沥青 A（粒径 0.42mm）　　b) 沥青 A（粒径 0.15mm）

图 3-16

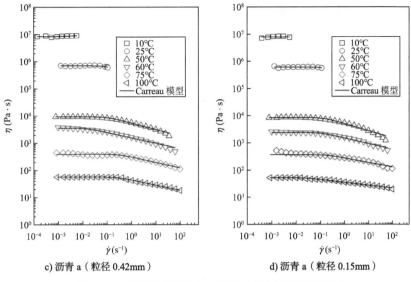

c) 沥青 a（粒径 0.42mm） d) 沥青 a（粒径 0.15mm）

图 3-16 不同温度下粒径对胶粉改性沥青黏度的影响

不同粒径胶粉改性沥青零剪切黏度随温度的变化如图 3-17 所示。

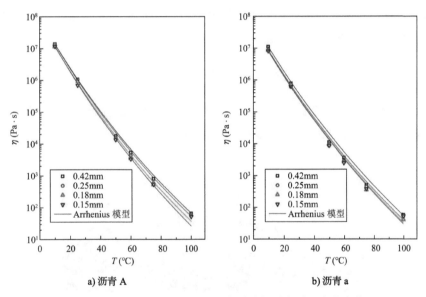

a) 沥青 A b) 沥青 a

图 3-17 不同粒径胶粉改性沥青零剪切黏度随温度的变化

由图 3-17 可知：

（1）零剪切黏度随胶粉粒径的减小而减小。在胶体理论中，沥青质周围被胶质形成的溶剂化层包围而分散在油分中，胶质溶剂化层的厚度随温度变化，当温度升高时，溶剂化层厚度减少。此时，沥青质胶束被充分分散在油分中，胶粉颗粒与沥青质及胶粉颗粒间的相互作用对体系的黏度有着重要的影响。

（2）粒径最大的改性沥青的黏度在不同温度下均最大。为了定量区别不同粒径胶粉改性沥青的零剪切黏度对温度的变化，本书采用类 Arrhenius 方程来表征 [式(3-1)]。

活化能随胶粉粒径的变化趋势如图 3-18 所示。

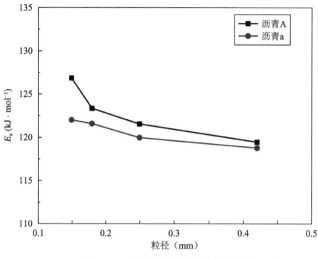

图 3-18　活化能随胶粉粒径的变化

由图 3-18 可知，活化能随胶粉粒径的增加而降低，改性沥青a的活化能低于改性沥青A。这表明增大胶粉粒径或高标号的沥青可以降低改性沥青的温度敏感性。另外，随胶粉粒径的增大，两种改性沥青之间活化能的差别变小。

3.2.2　不同粒径胶粉改性沥青的相态

不同粒径胶粉改性沥青的荧光显微图像如图 3-19 所示。胶粉加入沥青中后形成了新的相。图中白亮区域为胶粉相，其是由胶粉颗粒被沥青中的轻组分溶胀形成的，暗黑色部分为沥青相。

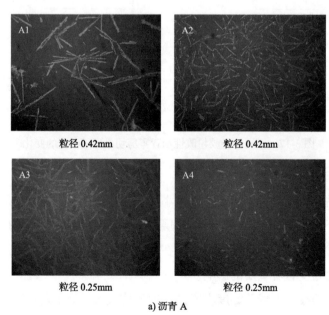

a) 沥青 A

图　3-19

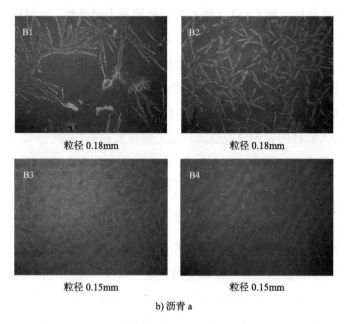

粒径 0.18mm   粒径 0.18mm

粒径 0.15mm   粒径 0.15mm

b) 沥青 a

图 3-19 不同粒径胶粉改性沥青的荧光显微图像

由图 3-19 可知，胶粉相呈棒状，部分类似于四叶草形。胶粉颗粒在沥青中分散呈现各向异性。较大尺寸的胶粉在沥青中的分布较为稀疏，随粒径的减小，分布越来越密集。且粒径越小，胶粉相越来越不明显，说明其与沥青的相容性变好。轻组分容易渗透进入小颗粒胶粉的空间网状结构中，更有利于胶粉的溶胀。而胶体指数更低的改性沥青中胶粉的溶胀程度越高（图 3-19 中 A3 和 B3）。另一方面，胶粉颗粒表面的聚合物分子也会不可避免地从本体上解离而游离在沥青相中，胶粉颗粒在长时间高温作用下有降解的倾向，因而粒径较小的胶粉制备的改性沥青的储存稳定性相对较好。

胶粉在沥青中的分散形态并不是圆形的，而是条状或棒状，有的类似于四叶草的形状。胶粉颗粒的扫描电镜图像如图 3-20 所示。

图 3-20 胶粉颗粒的 SEM 图

由图 3-20 可知，胶粉颗粒呈长条形。文献通过测定废旧轮胎胶粉的扫描电镜图像表明，胶粉颗粒呈条状而不是球状，而且粒径越大，长径比就越大。由 3.2.1 节黏弹性研究结果可知,胶粉改性沥青零剪切黏度(ZSV)随胶粉粒径的增大而增加,这是因为胶粉颗粒越大,条状结构越长,分散体系对剪应变越敏感,因而黏度越大。另外,胶粉颗粒越大,荧光显微图像越明显(0.42mm);粒径越小,分散相越不明显(0.15mm)。可能是粒径减小,胶粉与沥青的相容性变好,但是相容性太好,就会失去橡胶原有的力学性能,因而较大粒径的胶粉对体系的柔韧性贡献大,改性沥青的储存弹性模量就越大。

综上所述,较大粒径的胶粉对改性沥青的力学性质提高较为明显,但其稳定性随粒径的增大而变差。本节推荐粒径为 0.18~0.25mm 的胶粉作为沥青改性剂。

3.3 本章小结

(1)不同嵌段比组成的 SBS 改性沥青的黏弹性研究表明 S/B = 30/70 的 SBS 改性沥青的模量、零剪切黏度等黏弹指标最大。时-温等效原理可以很好地适用于 SBS 改性沥青中,由 Arrhenius 方程得到的活化能表明 S/B = 30/70 的 SBS 改性沥青对温度变化最不敏感。对于黏流性质,苯乙烯含量为 30wt%的 SBS 改性沥青的零剪切黏度最大,其次是 20wt%和 40wt%的样品。随苯乙烯含量的增加,改性沥青对剪切的敏感性变弱。随 SBS 中苯乙烯段的增加,SBS 改性沥青的蠕变劲度升高,蠕变速率降低,说明苯乙烯段的增加使得改性沥青的脆性增强。

(2)不同聚合物改性沥青的相态结构研究结果表明,SBS 以圆形或球形颗粒均匀地分散在沥青中(SBS 含量为 3%);直径随苯乙烯含量的增加而减小,聚合物相所占的体积分数也减少;SBS 颗粒粒径分布范围随苯乙烯含量的增加而变窄;黏弹性和储存稳定性随苯乙烯含量增加存在最佳值。因此,SBS 中适中的苯乙烯含量以平衡黏弹性和相容性是非常必要的。

(3)随着 SBS 含量的增加,改性沥青的相态出现三种相结构;当 SBS 含量较低时,SBS 相为分散相,沥青为分散介质;随着 SBS 含量的增加,逐渐转变为双连续相结构,即聚合物相互相贯穿连接形成连续相,而此时沥青相也是连续的;SBS 含量继续增加时则发生了相反转,即沥青为分散相分散在相区连续的 SBS 相中。

(4)利用动态剪切流变仪对废胶粉改性沥青进行频率扫描的结果表明,在测定粒径范围内,G' 和 G'' 随胶粉粒径增加而增大。频率扫描结果与广义 Maxwell 模型拟合结果一致,并利用非线性回归法计算了废胶粉改性沥青的离散松弛时间谱,计算出的零剪切黏度 η_0 随胶粉粒径的增加而增加,η_0 与抗车辙能力呈正相关关系,表明较大粒径的胶粉制备的改性沥青具有较优的高温抗车辙能力。黏流曲线表明胶粉大幅提高了沥青的 60℃稳态黏度,沥青抵抗流动变形能力提高。随胶粉粒径增大黏度变大,体系趋向于非牛顿流体。随胶粉粒径的增大,沥青黏度对温度的敏感性降低。

(5)聚合物改性沥青的相态结构研究结果表明,对于胶粉改性沥青,胶粉在沥青中呈现长条形或棒状,随粒径的减小,胶粉在沥青中的分布越来越密集且变得不明显,说明其与沥青的相容性变好。微观相态很好地解释了胶粉粒径对改性沥青稳态黏度和稳定性的影响。

第4章

塑性体改性沥青的流变特性及微观相态

用聚合物对沥青进行改性是提高沥青力学性能的常用方法，其中聚乙烯（PE）、乙烯-醋酸乙烯共聚物（EVA）等塑性体类聚合物对沥青的力学性能提高效果尤其明显，特别是废旧塑料回收利用越来越受到重视，回收 PE 在沥青改性中的应用成为研究的热点。PE 改性沥青具有软化点高，模量高，高温稳定性好等优点，在重载交通路段及温暖地区的使用越来越普遍，但由于 PE 的极性、分子量、溶解度参数等性质与沥青相差较大，PE 颗粒容易聚集，最终发生分层。EVA 因其价格低廉、改性效果显著、耐久性优越、加工性能良好等特点在改性沥青市场占据一席之地，但 EVA 的分子结构参数（如 VA 含量，分子量及熔融指数）对改性沥青多相体系的流变特性影响很大，可能会导致 EVA 改性沥青低温延度改善效果不明显，或有所降低。因此研究聚合物改性沥青的流变特性及微观相态对于阐明改性沥青"结构-性能"的关系具有重要的指导意义。本章对路用 PE 改性沥青和路用 EVA 改性沥青的流变特征及微观相态进行详细的阐述。

4.1 路用 PE 改性沥青的流变特性及微观相态

4.1.1 PE 分子结构对改性沥青流变特性的影响

1）试验与方法

（1）原料

基质沥青选取典型的秦皇岛 AH-70（Q AH-70）和克石化 AH-70（K AH-70），分别产自中石油秦皇岛石化有限公司和克拉玛依石化公司，基本性质和组成见表4-1。为方便比较将两基质沥青编号为沥青 A 和沥青 B。

不同结构的聚乙烯（PE）分别选取高密度聚乙烯（HDPE）、中密度聚乙烯（MDPE）、线性低密度聚乙烯（LLDPE）和低密度聚乙烯（LDPE）（由日本三井公司提供），其基本性质见表4-2。

基质沥青的基本性质和组成 表4-1

基质沥青	软化点（℃）	针入度（25℃）（0.1mm）	延度（10℃）（cm）	饱和分（wt%）	芳香分（wt%）	胶质（wt%）	沥青质（wt%）
沥青A	48.0	67	29.0	22.6	42.1	26.6	8.7
沥青B	48.7	69	37.2	27.4	32.8	39.1	0.7

不同结构聚乙烯的基本性质 表4-2

PE	密度（g·cm^{-3}）	结晶度（%）	熔点（℃）	熔融流动指数[g·(10min)$^{-1}$]	断裂伸长（%）	断裂强度（MPa）
HDPE	0.954	86	131	7	500	21
MDPE	0.948	75	129	0.2	600	17
LLDPE	0.924	53	124	20	650	12
LDPE	0.914	35	108	32	400	7.5

（2）PE改性沥青的制备方法

将原料基质沥青加热到150℃，在天平上称取定量沥青后于电热套中加热至175℃，将四叶片搅拌头置于沥青样品中部，开动电动搅拌机，在600～700r/min搅拌转速下向沥青中缓慢加入5wt%的HDPE，搅拌3h即可。MDPE、LLDPE和LDPE改性沥青样品按相同制备步骤可得到。为了便于比较，将HDPE、MDPE、LLDPE和LDPE分别制备的改性沥青A和沥青B分别编号为PEQ1、PEQ2、PEQ3、PEQ4和PEK1、PEK2、PEK3、PEK4。Q和K分别表示基质沥青A和沥青B的油源。

（3）测试与表征

黏弹性能在美国TA公司生产的动态剪切流变仪HR-1上测定。沥青样品进行温度扫描试验以测定不同温度下的黏弹性，扫描温度范围为10～90℃，每个沥青样品都进行应力扫描以确保试验在样品的线性黏弹性区间内进行，应力扫描的频率为6.283rad/s。将少量样品放在直径为25mm的平板夹具的下平板上，调节上平板至1000μm，用热刀将平板周围挤出的试样刮平，恒温10min后进行黏弹性测定。频率扫描在线性黏弹区间内进行，分别在25℃、50℃和75℃温度条件下从0.1rad/s扫描到100rad/s。在10℃温度条件下，并在较长的时间范围内对样品进行应力松弛测试，得到松弛模量对时间的变化规律。同时，采用弯曲梁流变仪（BBR）用来测量沥青在较低温度下的蠕变性质，测试温度为-18℃。

2）线性黏弹性

为了研究PE分子结构与改性沥青宏观性能的关系，在动态剪切流变仪的小角振荡剪切模式下进行了25℃、50℃及75℃时的频率扫描试验，以得到改性沥青的线性黏弹性能。描述沥青线性黏弹性的指标有复数模量G^*、储存模量G'和损失模量G''。复数模量G^*表征的是当黏弹性材料受到动态剪切时材料的总抵抗形变的能力，其数学定义是最大剪应力与最大应变的比值。复数模量G^*也可以分成两部分：储存模量G'和损失模量G''。G^*与储存模量G'、损失模量G''的关系为：

$$G^* = \sqrt{G'^2 + G''^2} \tag{4-1}$$

式中：G'——交变应力作用下沥青材料储存并可以恢复的能量，体现的是沥青的弹性性质；

G''——材料在变形过程中由于内部摩擦产生的以热的形式散失的能量，体现的是沥青的黏性性质。

频率扫描得到的不同温度下的复数模量G^*随频率的变化如图 4-1 所示。

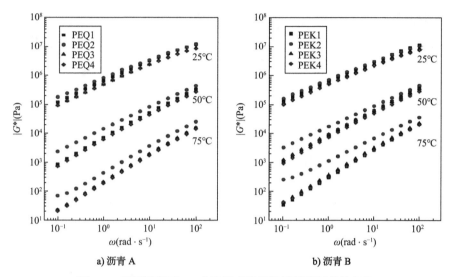

a) 沥青 A   b) 沥青 B

图 4-1 不同温度下 PE 改性沥青的复数模量随频率的变化

由图 4-1 可知：复数模量G^*随频率的增加而增加，且复数模量G^*受温度的影响非常大。但不同 PE 改性沥青的复数模量G^*受时间和温度的影响程度是不同的，MDPE 改性沥青的复数模量G^*最大，其次是 HDPE、LLDPE 和 LDPE。当温度为室温（25℃）时，不同 PE 改性沥青复数模量G^*差别较小，且其随频率变化的斜率不同。其中 MDPE 的斜率最小，LDPE 最大。随温度的升高，不同 PE 改性沥青复数模量G^*差别变大，但 MDPE 的复数模量G^*仍然最大，其远大于其他样品，且其余样品的复数模量G^*在 50℃和 75℃下的差别很小，这表明 MDPE 改性沥青的高温抗车辙能力最强。沥青 A 和沥青 B 相比，后者在相同温度下的复数模量G^*变小，这是因为后者的沥青质含量较少。众所周知，沥青是以沥青质为核心的分散体系，即沥青质被胶质胶溶后分散在油分中，而更多的沥青质可以增强胶体体系的硬度和相互作用程度，因而对复数模量的贡献较大。值得注意的是两种 MDPE 改性沥青在 75℃时存在低频末端"平缓区"，即复数模量在低频区对频率的依赖性大大降低，说明沥青的黏弹性对频率变化不敏感。

为了在更广的时间尺度上观测不同 PE 改性沥青的线性黏弹性，本节采用了时-温等效原理研究 PE 分子结构造成的改性沥青黏弹性的差别。升高温度与延长时间（降低频率）对黏弹性材料力学性质的影响是等效的，这就是时-温等效原理。时间-温度的等效性可以通过移位因子实现，即利用移位因子可以用较高温度较短时间下测得的黏弹性数据预测较低温度较长时间的力学特性。时-温等效可以大大加速黏弹测试的过程，材料的长期性能可以在较短的时间内测得，并且可以得到仪器无法测得的时间和温度范围内（几个月甚至几年）的黏弹性能。

本节采用时-温等效原理构筑复数模量的主曲线来研究 PE 分子结构对改性沥青黏弹性的影响。不同的 PE 改性沥青在参考温度 25℃时的主曲线如图 4-2 所示。

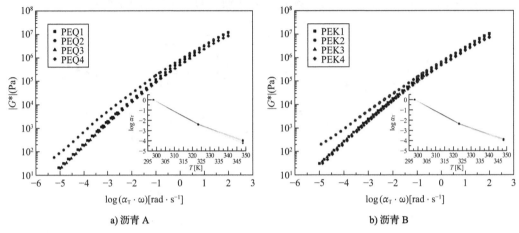

图 4-2　PE 改性沥青在参考温度 25℃时的主曲线

由图 4-2 可知，PE 改性沥青在高频（低温）区的复数模量差别不大且趋向于某一特定值（玻璃化模量），而在低频区（高温）存在较大的差别。低频区 MDPE 改性沥青的模量最大，其次是 HDPE，LLDPE 和 LDPE。这是因为 PE 的分子结构不同造成的（如密度、结晶度、熔化温度）。HDPE 密度最大、结晶度最高、分子排列最为紧密、分子间距小、分子硬度较大、柔顺性不好，HDPE 很难在沥青中分散，分散的颗粒较大，且沥青中的轻组分（饱和分和芳香分）不易进入 HDPE 分子之间，也就是说 HDPE 颗粒在沥青中不易发生溶胀，沥青组分与 HDPE 的相互作用不强。而 LDPE 密度最小，结晶度最低，短支链的分子含量较多，分子排列最不规整，分子间距大，分子柔顺性好，易于在沥青中分散，因而饱和分和芳香分容易渗入分散的 LDPE 颗粒分子链段之间；LDPE 分子的溶胀程度最好，聚合物原有的力学性能损失较大，因而 LDPE 改性沥青的复数模量最小。

MDPE 的密度，结晶度及熔化温度介于 HDPE 和 LDPE 之间，MDPE 分子既具有较高的强度，又具有一定的柔顺性，因而相对于 HDPE 较易被分散到沥青中，MDPE 的溶胀程度较好，与沥青组分的相互作用较强且 MDPE 相保持了原聚合物大部分的力学性能，因此，MDPE 改性沥青的复数模量最大。而对于 LLDPE，其密度、结晶度均大于 LDPE，且其短支链分子较少，因而复数模量大于 LDPE。另外，MDPE 改性沥青 B 在低频区的复数模量大于沥青 A 的，这与聚合物与沥青组分间分子链较强的绕结作用有关。

为了在较宽的温度范围内研究 PE 改性沥青的黏弹性，本书在 DSR 的振荡剪切模式下对样品进行了温度扫描试验。不同 PE 改性沥青的储存模量和损失模量（G' 和 G''）随温度的变化情况如图 4-3 所示。

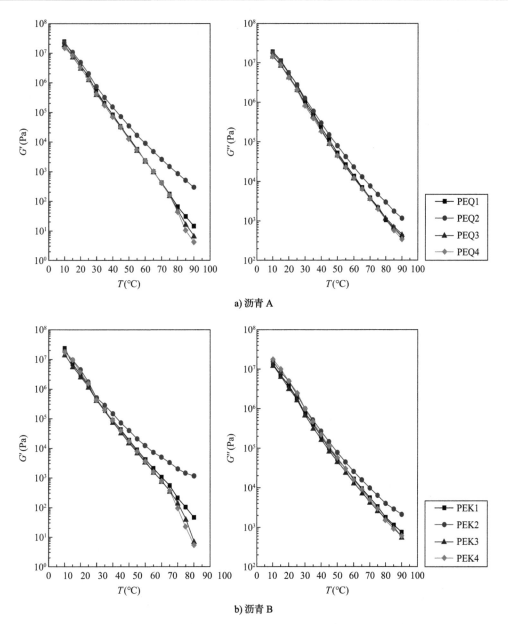

a) 沥青 A

b) 沥青 B

图 4-3　不同 PE 改性沥青的储存模量和损失模量（G' 和 G''）的依温性

由图 4-3 可知，不同 PE 改性沥青的 G' 和 G'' 的依温性是不同的。在中低温区不同改性沥青样品间的差异较小；在中高温区，MDPE 改性沥青的 G' 和 G'' 最大，其次是 HDPE、LLDPE 和 LDPE。需要注意的是 MDPE 的 G'-T 曲线存在"平台区"，即 G' 对温度变化不敏感。而当温度大于 80℃时，HDPE、LLDPE 和 LDPE 改性沥青样品的 G'-T 曲线存在突然下降的趋势，这是因为温度逐渐接近三者的熔化温度。

PG 规范中定义了车辙因子 $G^*/\sin\delta$ 来定量表征沥青的抗车辙能力，要求未老化沥青的 $G^*/\sin\delta$ 不小于 1.0kPa。不同 PE 改性沥青的车辙因子 $G^*/\sin\delta$ 随温度的变化如图 4-4 所示。图 4-4 中不同 PE 改性沥青 $G^*/\sin\delta$ 的变化趋势与模量的变化规律类似。MDPE 改性沥青在高温下的车辙因子$G^*/\sin\delta$最大，且远大于其他样品，表明其高温抗车辙能力最强。而其他 PE 改性沥青的车辙因子$G^*/\sin\delta$差别不大。因此，从高温抗车辙的角度，应选择 MDPE 对沥青进行改性。

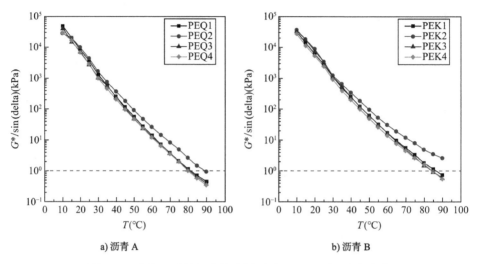

a) 沥青 A　　　　　　　　　　　　b) 沥青 B

图 4-4　不同 PE 改性沥青的车辙因子$G^*/\sin\delta$随温度的变化

3）黏流性质

不同 PE 改性沥青在 60℃时的稳态黏度随剪切速率的变化如图 4-5 所示。

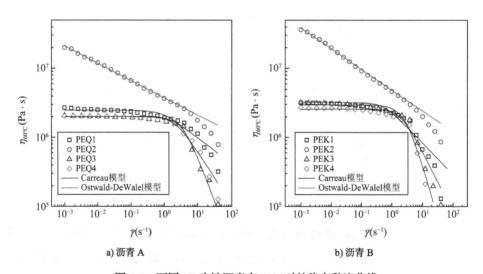

a) 沥青 A　　　　　　　　　　　　b) 沥青 B

图 4-5　不同 PE 改性沥青在 60℃时的稳态黏流曲线

由图 4-5 可知，MDPE 改性沥青的黏度随剪切速率的增加而明显下降，两者的对数呈线性关系，即表现出明显的剪稀现象。这是因为 MDPE 分子在低剪速下发生了显著的构象变形，随着应力的增加，MDPE 分子之间及与沥青组分之间的缠绕作用更加明显，因而出现明显的剪稀现象，说明 MDPE 分子与沥青组分之间的相互作用最强，所以 MDPE 改性沥青的黏度最大。在低剪切速率下，HDPE、LLDPE 和 LDPE 三者表现出明显的牛顿流体性质。MDPE 在低剪速区的黏度最大，其次是 HDPE、LLDPE 和 LDPE；不同 PE 对应的改性沥青 B 的黏度大于改性沥青 A 的黏度。所有样品的黏度在高剪速下黏度剧烈下降，这是因为剪速过高，样品逐渐被挤出平行板。

HDPE、LLDPE 和 LDPE 改性沥青的黏流曲线可以用 Carreau 模型式(3-2)来描述。HDPE、LLDPE 和 LDPE 改性沥青的 Carreau 模型参数见表 4-3。

不同 PE 改性沥青的 Carreau 模型或 Ostwald-De Waele 模型参数　　表 4-3

\	Carreau 模型			Ostwald 模型	
参数	HDPE	LLDPE	LDPE	参数	MDPE
沥青 A					
η_0 (Pa·s)	2.46×10^6	1.98×10^6	2.00×10^6	k	3.74×10^6
$\dot{\gamma}_c$ (s^{-1})	0.8344	3.857	2.17	n	0.75
s	0.1844	0.669	0.380		
沥青 B					
$\eta_0 \times 10^{-3}$ (Pa·s)	3.01×10^6	2.96×10^6	2.55×10^6	k	4.84×10^6
$\dot{\gamma}_c$ (s^{-1})	1.00	1.722	3.136	n	0.70
s	0.292	0.441	0.785		

注：表中物理量含义详见第 3 章。

由表 4-3 可知，HDPE 的零剪切黏度在三者中最大，其次是 LLDPE 和 LDPE。HDPE 改性沥青的临界剪切速率最小，表明其对剪切很敏感，这是因为 HDPE 硬度较大，在沥青中呈颗粒状分布（荧光显微图），因而对剪切的响应敏感。HDPE、LLDPE、LDPE 对应的改性沥青 B 的零剪切黏度大于沥青 A 的。

MDPE 改性沥青在所测剪速范围内均呈现明显的剪稀现象，因此可以用 Ostwald-De Waele 模型来描述。

$$\eta = k(\dot{\gamma})^{n-1} \tag{4-2}$$

式中：k——与沥青的稠度有关；

n——流动指数，n 值越大表示剪稀现象越明显；

其余符号含义同前。

由表 4-3 可知，MDPE 改性沥青 B 的稠度大于沥青 A，表明前者的抵抗变形能力更强。但改性沥青 A 的流动指数大于沥青 B，说明前者的剪稀现象更明显。

4）松弛和低温蠕变特性

松弛现象是沥青材料的典型特征，即当对沥青材料突然施加一定的应变并在保持应变恒定的过程中，应力会随着时间的延长慢慢变小。当应变较小时，松弛模量仅是时间的函数，与应变大小无关。另外，聚合物的结构对改性沥青应力松弛能力的影响较大，在松弛谱中，松弛模量减小得越快预示着沥青抗开裂的能力越强。

不同 PE 改性沥青 10℃时的应力松弛曲线如图 4-6 所示。

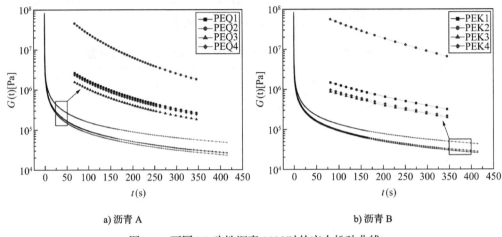

a) 沥青 A　　　　　　　　　　　　　b) 沥青 B

图 4-6　不同 PE 改性沥青 10℃时的应力松弛曲线

由图 4-6 可知，所有 PE 改性沥青样品的应力松弛过程可分为两个阶段：快松弛阶段和慢松弛阶段。在初始松弛阶段，松弛模量在非常短的时间内降幅度可达 3 个数量级，在慢松弛阶段松弛模量逐渐趋于渐近值。LLDPE 改性沥青的松弛模量在初始阶段降低最快，其松弛应力的能力越强，抵抗拉应力的能力越强；MDPE 改性沥青的松弛模量降低得最慢；HDPE 和 LDPE 介于前述两者之间，且 LDPE 的应力松弛能力好于 HDPE。在慢松弛阶段，松弛模量渐近值由高到低的顺序为 MDPE、HDPE、LDPE 和 LLDPE。不同 PE 改性沥青应力松弛能力的大小取决于 PE 分子的构象变形及 PE 分子和沥青组分的相互作用。LLDPE 为线性分子，没有长支链，短支链也较少，分子结晶度较低，因此其分子的韧性好，变形能力强，因而应力松弛能力最强。虽然 LDPE 的结晶度也较低，但 LDPE 分子为非线性的，含有大量的短支链和长支链，分子的规整性较差，通过分子构象变化来松弛应力的能力不如 LLDPE 好，所以 LDPE 应力松弛能力略差于 LLDPE。与之相反，MDPE 分子既具有较高的强度，也具有一定的柔顺性，其与沥青组分分子间的缠绕作用最强，分子不易发生扭转变形，或发生变形需要的能量较大，因而其松弛能力最弱。

不同 PE 改性沥青的低温蠕变特性通过弯曲梁流变仪（Bending Beam Rheometer，BBR）测得。BBR 借助工程上梁的原理来测量沥青梁试样在极低温度下及一定荷载下的蠕变劲度 s 和蠕变速率 m。这种蠕变荷载是用来模拟在低温下车辆逐渐施加到路面上的应力。通过 BBR 试验，可以得到两个参数值，即蠕变劲度 $S(t)$ 和蠕变速率 m 值。蠕变劲度用来表示沥青低温下抵抗恒载的能力，蠕变速率则表示应力加载后的沥青劲度变化速率。

不同 PE 改性沥青 –18℃时的蠕变劲度 S 和蠕变速率 m 随时间的变化如图 4-7 所示。

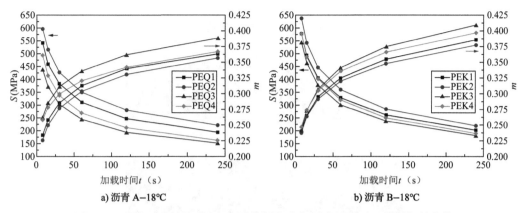

图 4-7 不同 PE 改性沥青-18℃时的蠕变劲度 S 和蠕变速率 m 随时间的变化

由图 4-7 可知，蠕变劲度 S 随加载时间的延长而变小且蠕变速率随时间的增加而变大。在相同加载时间下，蠕变劲度 S 由大到小的顺序为 MDPE、HDPE、LDPE 和 LLDPE；蠕变速率 m 由大到小的顺序则与 S 相反。因为较低的 S 和较高的 m 值表示低温抗开裂能力越强，所以低温蠕变性由好到差的顺序为 LLDPE、LDPE、HDPE 和 MDPE。而对于沥青 B，不同 PE 改性沥青的蠕变劲度 S 和蠕变速率 m 在较短时间下的差别变小，这是因为沥青 B 的沥青质含量较低。

在极低的温度下，较低的蠕变劲度 S 和较高的蠕变速率 m 是所期望的。如果蠕变劲度过高，沥青就会显示出脆性，裂缝发生的可能性就较大。而蠕变速率 m 反映了低温下沥青胶结料劲度随时间的变化速率，较高的 m 值是所期望的。随着温度的降低，沥青材料内部就会累积热应力，其劲度变化速度相对较快，换句话说就是沥青胶结料的松弛应力趋势增大。当沥青材料的劲度较大时，应力无法及时消散，并最终积聚到一定程度就会使沥青材料发生低温开裂。因此，为了防止裂缝的发生，PG 分级标准中规定在加载时间为 60s 时，应使蠕变劲度 $S(t) \leqslant 300\mathrm{MPa}$，且 $m \geqslant 0.3$。基于此，本书定义了 S/m 值来定量表征不同 PE 改性沥青的低温蠕变特性，S/m 值越低表示低温蠕变性能越好。不同 PE 改性沥青在-18℃及 60s 时的 S/m 值如图 4-8 所示。

由图 4-8 可看出，MDPE 改性沥青的 S/m 值最大而 LLDPE 的最小，S/m 值由大到小的顺序为 MDPE、HDPE、LDPE 和 LLDPE。这表明 LLDPE 的低温蠕变性最好，抗低温开裂能力强，而 MDPE 的最差。沥青 A 与沥青 B 相比，沥青 B 的 S/m 值相对更大。

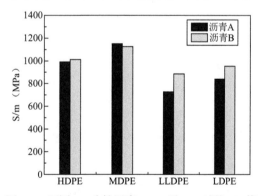

图 4-8 不同 PE 改性沥青-18℃及 60s 时的 S/m 值

4.1.2 PE 聚合物改性沥青多相体系的相态及其流变学表征

（1）不同密度的 PE 改性沥青的相态

不同 PE 改性沥青的荧光显微照片如图 4-9 所示。

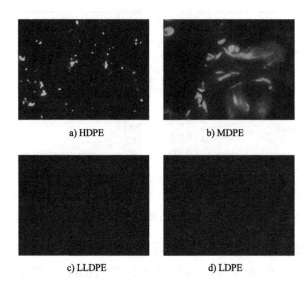

图 4-9 不同密度 PE 改性沥青的荧光显微图片（100μm）

从图 4-9 中可以看出，由于 PE 密度的不同造成改性沥青的相态差异很大。PE 相是沥青中的部分轻组分（主要是饱和分和芳香分）溶胀 PE 颗粒形成的，PE 颗粒自身不发荧光，因为能发出荧光的是含共轭双键、苯环或大π键多芳结构的组分，因此被轻组分溶胀的 PE 相可发荧光。HDPE 相呈圆形分散在沥青中，分布很稀疏且聚集现象较明显；而 MDPE 相的形状很不规则，大约呈条状，且尺寸较大，部分区域呈片状分布；LLDPE 和 LDPE 相两者都以圆形均匀分在沥青中，尺寸较小，LLDPE 和 LDPE 相的荧光强度较低，与沥青相的对比不明显。

利用 Image-Pro-Plus 图像分析软件对聚合物相的尺寸分布进行统计得到的聚合物相的平均粒径分布，如图 4-10 和图 4-11 所示。

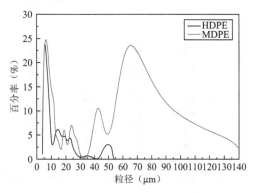

图 4-10 HDPE 和 MDPE 改性沥青聚合物相的平均粒径分布图

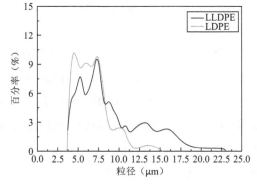

图 4-11 LLDPE 和 LDPE 改性沥青聚合物相的平均粒径分布图

对比两图可以看出，HDPE 相的平均粒径在 6μm 处有很强的峰，其次粒径为 15～25μm 的颗粒也较多。MDPE 相的粒径分布非常宽（4～140μm），平均粒径为 7μm 所占比例很大，并且在大尺寸范围内（60~140μm）的聚合物相所占比例也很大，这表明 MDPE 相的尺寸比 HDPE 大得多。而 LLDPE 相的平均粒径分布很窄（3~22.5μm），聚合物相的尺寸主要集中在 3~10μm 范围内；相比于 LLDPE, LDPE 相的平均粒径分布更窄（3~15μm），LDPE 相的尺寸主要集中在 3~8μm 范围内，并且 LDPE 相的分布相对于 LLDPE 更密集。

（2）PE 分子结构与相态、黏弹性的关系

PE 的分子链结构可以较好地阐明改性沥青的相态和黏弹性，不同 PE 分子链结构如图 4-12 所示。HDPE 的大分子链近似于直链结构，有少量支链且支链非常短。因此，HDPE 的线性分子排列有序紧密、密度大、结晶度高，使得 HDPE 的刚性和硬度最大，难以被剪切分散，被分散开的 HDPE 颗粒由于分子间距小不容易发生溶胀，HDPE 颗粒有聚集倾向，且聚合物相的分布很稀疏，如图 4-9a）所示，因此这种相态对改性沥青的黏弹性的提高不是很明显。MDPE 的密度稍小于 HDPE，其主分子链为线性，有短支链存在，这些短支链降低了聚合物的密度和结晶度，同时降低了硬度和刚性，分子柔顺性变好，大分子链间距变大。沥青中组分容易迁移到 MDPE 分子内部而溶胀聚

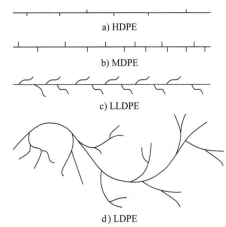

图 4-12　不同 PE 分子链结构示意图

合物，沥青组分与 MDPE 分子的相互作用变强，因而 MDPE 相的尺寸变大。LLDPE 分子主链上存在大量的短支链，LDPE 主链上不但有大量的短支链还存在大量的长支链，这两者的支化程度远远大于 HDPE 和 MDPE，使得 LLDPE 和 LDPE 的密度降低，结晶度大大降低，分子柔顺性大大提高，因而两者的相态接近，都呈圆形结构。但 LLDPE 和 LDPE 存在一定的区别，LLDPE 的主链骨架为直链结构，是带有短支链的线性结构。从晶态结构角度，由于 LDPE 带有大量的长支链和短支链，导致分子堆砌和排列混乱，结晶度低；而 LLDPE 分子的结晶相对较好，结晶度比 LDPE 高。所以，LLDPE 改性沥青的模量、零剪切黏度等黏弹指标均大于 LDPE。从以上分析可知：MDPE 分子既具有较高的强度，也具有一定的柔顺性，因而相对于 HDPE 较易被分散到沥青中；MDPE 的溶胀程度较好，与沥青组分的相互作用较强且 MDPE 保持了原聚合物大部分的力学性能。因此，MDPE 改性沥青的复数模量、零剪切黏度等黏弹指标最大。

对于松弛蠕变性能，LLDPE 和 LDPE 的支化程度远大于 HDPE 和 MDPE，因而前两者松弛蠕变能力好于后两者；LLDPE 为线性分子，没有长支链，分子结晶度较低，其分子的韧性好，变形能力强，因而应力松弛能力最强。虽然 LDPE 的结晶度也较低，但 LDPE 分子含有大量的短支链和长支链，分子的规整性较差，通过分子构象变化来松弛应力的能力不如 LLDPE 好，所以 LDPE 应力松弛能力略差于 LLDPE。

4.2 路用 EVA 改性沥青的流变特性及微观相态

4.2.1 VA 含量对 EVA 改性沥青流变特性的影响

沥青很早就作为集料的胶结料应用在路面铺装上，尽管它只占沥青混合料的一小部分（通常为 5%）。路面的性能却主要由沥青的性能决定，因为沥青不但使混合料形成连续体，而且是当受到荷载时为混合料整体提供弹性的材料。然而，近几十年来交通量和车辆载重量的快速增加及极端气候对路面整体性形成严峻的考验。因此这些因素导致了早期路面病害的发生并缩短了路面的使用寿命。实际上这些病害主要是因为沥青的黏弹力学性质不足造成的。为此，通常对沥青进行改性以提高其黏弹特性。

在过去几十年间，很多研究是为了选择或制备用于沥青改性的聚合物。一般认为适用于沥青改性的聚合物可分为弹性体、塑性体等聚合物。聚乙烯（PE）或聚丙烯（PP）是塑性体类的典型代表，其可以提高沥青的强度及路面的抗车辙能力；另外，由于分子结晶度高及非极性的特点，PE 或 PP 几乎与沥青不相容，导致改性沥青在非常短的时间内就发生相分离，即离析。在改性沥青的储存或转运过程中，要极力避免聚合物的离析。因为聚合物的离析会严重削弱改性沥青的性能，从而大大限制聚烯烃类改性沥青的应用。为提高 PE 与沥青的相容性，需要降低 PE 的结晶度并提高分子极性，通常的做法是在 PE 分子主碳链上引入极性官能团（如醋酸乙烯基团），即乙烯-醋酸乙烯（EVA）共聚物。EVA 由非极性结晶的 PE 段和极性非结晶的 VA 侧基构成。EVA 中 VA 的含量可以根据需求在聚合过程中进行控制得到。无规共聚使得 EVA 具有较好的柔顺性、黏附性及较高的强度，从而提高了沥青的抗车辙、抗裂缝和抗疲劳能力。

此外，当 EVA 混溶到沥青中后会被沥青组分溶胀，该溶胀过程实际上是沥青组分中小分子迁移到 EVA 分子之间，而只有很少的 EVA 分子从聚合物本体上解聚而游离在沥青相中。对 EVA 来说，若沥青中的轻馏分容易进入 EVA 分子间，则表明 EVA 与沥青的相容性较好。而相容性直接关系到改性沥青稳定性的好坏，进而影响沥青的最终性能。针对这些问题，很多研究致力于提高 EVA 改性沥青的应用性能。Yuliestyan 等研究了 EVA 的熔点和熔融指数对改性沥青黏度的影响，发现沥青的 135℃ 黏度随熔融流动指数的增加而降低，并选出了拌和及压实温度低的 EVA。Saboo 等认为 VA 含量高有利于沥青/EVA 的相互作用。然而大部分的研究主要是为了得到工程上性能较优的改性沥青，并且主要关注制备工艺、EVA 用量、外加剂及沥青的影响。事实上，EVA 的分子结构参数（如 VA 含量、分子量及熔融指数等）对改性沥青多相体系的力学性质、流变性、相容性、稳定性及相态结构的影响更大。所以仍然需要对以下方面进行深入系统的研究，包括微观相态分析，EVA 的溶胀过程及 VA 含量对改性沥青黏弹特性和稳定性的影响等方面。

本小节研究 EVA 中 VA 含量对改性沥青流变性的影响，目的是优化改性剂 EVA 的分子结构，为沥青改性用 EVA 的选择提供指导。因此，本部分以不同 VA 含量的 EVA 及两种化学组成不同的基质沥青为原料采用剪切-发育的方法制备改性沥青，然后对 EVA 掺量为 5wt%的改性沥青样品进行全面的流变学测试分析，包括动态频率扫描、温度扫描、黏流测试、应力松弛、多应力重复蠕变（MSCR）和低温蠕变。并且利用时-温等效原理等对结果进行深入的分析讨论。

1）试验与方法

（1）试验材料

本节选用两种针入度分级为 AH-70 的基质沥青（秦皇岛 Q AH-70 和克石化 K AH-70，其编号分别为沥青 A 和沥青 B）。两种基质沥青的油源和组成均不相同，其基本性质（包括针入度、软化点、延度、黏度、密度和四组分组成）见表 4-4。表 4-4 中同时也列出了沥青的胶体指数，胶体指数由 SARA 计算得到。

基质沥青的性质和组成 表 4-4

项目	沥青 A	沥青 B
针入度（25℃，0.1mm）	67	69
软化点（R&B，℃）	48.0	48.7
延展性（15℃，cm）	>100	>100
黏度（135℃，Pa·s）	0.530	0.618
密度（15℃，g·cm^{-3}）	1.032	1.041
饱和分（wt%）	22.6	27.4
芳香分（wt%）	42.1	32.8
胶质（wt%）	26.6	39.1
沥青质（wt%）	8.7	0.7
$Ic = (At + S)/(A + R)$（%）	0.46	0.39

改性剂 EVA 的 VA 含量由 12wt%变化到 40wt%。其主要性质见表 4-5。

EVA 的基本性质 表 4-5

项目	1号	2号	3号	4号	5号
VA 含量（wt%）	12	18	25	32	40
熔点（℃）	104	110	103	87	65
密度（25℃，g·cm^{-3}）	0.933	0.941	0.945	0.950	0.967

（2）EVA 改性沥青的制备

在配有电热套的高剪切分散乳化机制备 EVA 改性沥青样品。为了将其他因素的影响降到最小，制备工艺根据先前的研究进行了优化，制备过程中温度的误差不超过 1℃。首先，熔融的沥青称量后倒入圆筒形容器（直径为 110mm，高度为 200mm）并将容器置于电热套中加热；当温度达到 175℃时放入剪切头并将转速设为 4000r/min。加入 EVA 剪切 30min 后搅拌 2.5h。最后将样品分装在铝箔中，冷却至室温，等待下一步测试。为了便于比较，采用 VA 含量分别为 12wt%、18wt%、25wt%、32wt%、40wt%的 EVA 制备的改性沥青 A 和沥青 B 分别编号为 EQ1、EQ2、EQ3、EQ4、EQ5，改性沥青 B 分别编号为 EK1、EK2、

EK3、EK4、EK5。编号中 Q 和 K 分别表示基质沥青 A 和沥青 B 的油源。

（3）测试分析

在控制应力动态剪切流变仪（美国 TA，HR-1）上对上述制备的样品进行流变学表征，根据形变由小到大进行了三种流变学测试：①小角振荡剪切模式下的频率扫描和温度扫描；②瞬变模式下的应力松弛和多应力重复蠕变（MSCR）；③稳态剪切模式下的黏流测试。频率扫描在线性黏弹区间内进行，分别在 10℃、25℃、50℃、60℃、和 75℃温度下从 0.1rad/s 扫描到 100rad/s。温度扫描的范围为 10～100℃，升温速率为 1℃/min，频率为 10rad/s。在 10℃和较宽的时间范围内对样品进行应力松弛测试，得到松弛模量对时间的变化规律。同样地，分别在 0.1kPa 和 3.2kPa 下进行多应力重复蠕变测试，每个应力循环 10 圈，每圈进行 1s 应力加载和 9s 松弛。在 60℃及剪切速率从 $10^{-3}\sim10^2 s^{-1}$ 范围内测定样品的黏流性质。同时，本小节采用弯曲梁流变仪（BBR）用来测量沥青在很低温度下的蠕变性质，测试温度为 $-12℃$ 和 $-18℃$。需要注意的是 PAV 老化之后的样品也进行了 BBR 测试，以对比 EVA 改性沥青长期老化前后的低温蠕变性质的变化。PAV 老化条件为 100℃，时间 20h，压力 2.2MPa。

2）动态线性黏弹特性

聚合物改性最大的优势是可以提高改性沥青的性能，尽管聚合物的掺加比例较小。然而，聚合物的类型或分子结构参数对沥青性能提高的幅度有非常大的影响。由于体系的复杂性，弄清楚并优化聚合物改性沥青的内部结构特征是非常困难的。而线性黏弹区间内的流变学参数不依赖于应力应变的变化，只与材料的本身的性质有关，因而对改性沥青内部结构变化很敏感，线性黏弹性是阐明 EVA 中 VA 含量对改性沥青性能影响的强有力的手段。以下部分是采用小角振荡剪切在线性黏弹区间内对不同 VA 含量的改性沥青样品进行频率扫描和温度扫描。

（1）中高温主曲线

不同 VA 含量的 EVA 改性沥青 25℃时的主曲线如图 4-13 所示，该主曲线是在 10℃、25℃、50℃、60℃、和 75℃温度下的频扫曲线，通过移位得到。

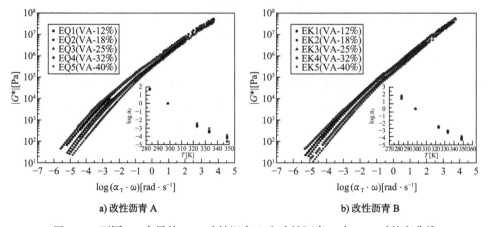

图 4-13 不同 VA 含量的 EVA 改性沥青 A 和改性沥青 B 在 25℃时的主曲线

由图 4-13 可知，低ω区不同 VA 含量的 EVA 改性沥青主曲线的差别较大。复数模量G^*在低ω区对频率的依赖性较大，而这种依频性随频率的增加而降低。改性沥青的复数模量G^*随 VA 的增加先增加后减小，当 VA = 18wt%出现最大值。VA 含量大于 18wt%，低ω区的G^*随 VA 的增加而降低。这说明 EVA 改性沥青的弹性性质并不是随 VA 含量的变化而单调变化的，而是存在最佳值。在低ω区，VA 为 18wt%的G^*对ω的斜率最小，说明对温度和时间的变化最不敏感。根据时-温等效原理，低频区对应的是高温区。因此 VA 为 18wt%的样品具有更好的抗车辙能力。另一方面，高ω区所有样品的G^*接近同一值，说明 VA 对高频区的黏弹性影响很小。因此在选择合适的 EVA 时主要注重改性沥青的高温黏弹性能。另外，相同 VA 的沥青 A 的G^*始终大于沥青 B，这是因为沥青 A 的沥青质含量高，有助于体系的高温强度和弹性。

由图 4-13 中的主曲线可以看出，时-温等效原理也可以很好地适用于 EVA 改性沥青体系。移位因子对温度的变化如图 4-14b）中右下角的嵌图所示。可以看到，不同 VA 含量的 EVA 改性沥青的高温下的移位因子差别较大，本小节采用类 Arrhenius 方程来拟合移位因子对温度的变化，类 Arrhenius 方程如式(3-1)所示。不同样品移位因子的差别可以通过类 Arrhenius 方程的活化能来定量区别（图 4-14）。活化能与材料的温度敏感性有关。

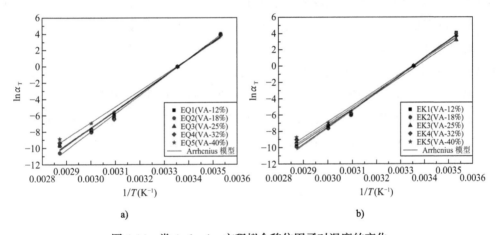

图 4-14 类 Arrhenius 方程拟合移位因子对温度的变化

活化能随 VA 含量的变化如图 4-15 所示。活化能随 VA 的增加先增加后减小，即 VA 为 18wt%的改性沥青的活化能最大，说明需要克服更大的能量才能引起沥青的形变。改性沥青 B 的活化能也呈现出类似的变化趋势且其活化能小于沥青 A。

不同 VA 含量样品在 60℃时的主曲线如图 4-16 所示，60℃通常认为是夏季路面的最高平均温度。60℃下主曲线对频率的依赖性降低，不同样品间由于 VA 不同引起的主曲线的差别减小。在高温下，VA 为 18wt%的改性沥青的复数模量最大，这与前面的结果一致。

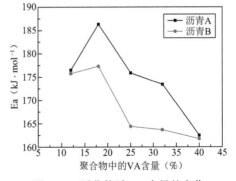

图 4-15 活化能随 VA 含量的变化

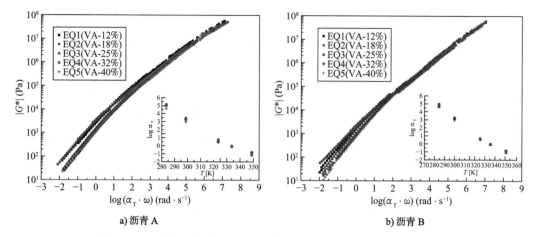

a) 沥青 A   b) 沥青 B

图 4-16 不同 VA 含量的 EVA 改性沥青 A 和 B 在 60℃时的主曲线

（2）温度扫描

除了主曲线之外，还在较宽的温度范围内对样品进行了温度扫描。储存模量G'和损失模量G''及车辙因子$G^*/\sin\delta$随温度的变化分别如图 4-17 和图 4-18 所示。G'和G''随温度的升高而剧烈下降，但不同样品的降低速率是不同的。在中高温区间内（10～70℃），VA 为 12wt%和 18wt%的改性沥青的$G'\text{-}T$曲线出现"平缓区"，此"平缓区"G'对T的斜率较小，且后者的斜率小于前者的。这表明 VA 为 18wt%的改性沥青的抵抗变形能力最强，对温度最不敏感。而对于 VA 为 25wt%、32wt%和 40wt%的样品，这种平缓区消失。值得注意的是当温度大于 75℃时，G'突然迅速下降，样品在 75～90℃的斜率发生剧烈变化。Yuliestyan 等认为此时温度接近 EVA 的熔点，EVA 分子中的结晶结构迅速崩塌，导致了G'的突然降低。这种现象在高 VA 含量的样品中没有发生，是因为 VA 含量高的 EVA 中的结晶结构很弱甚至没有。

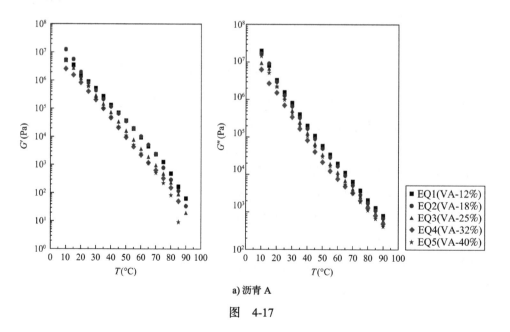

a) 沥青 A

图 4-17

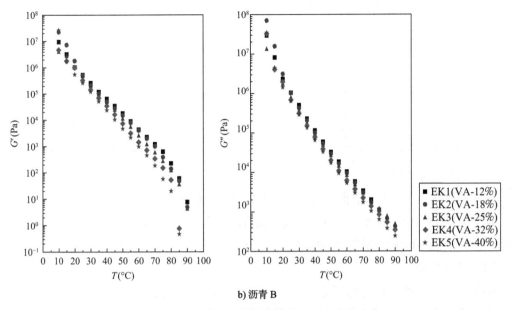

图 4-17 储存模量 G' 和损失模量 G'' 随温度的变化

AASHTO M320 规范中定义了车辙因子 $G^*/\sin\delta$ 来定量表征沥青的抗车辙能力,要求未老化沥青的 $G^*/\sin\delta$ 不小于 1.0kPa。车辙因子 $G^*/\sin\delta$ 随温度的变化如图 4-18 所示。$G^*/\sin\delta$ 随 EVA 中 VA 含量的增加而降低,VA 含量越低抗车辙能力越好。所以,出现车辙时的"失效温度"随 VA 的增加而降低,见表 4-6。在中高温度区间内,沥青相主要显现黏性流动性质,而体系的弹性和强度主要由聚合物相提供。低 VA 含量的 EVA 的硬度强度较大,在高温下赋予沥青较好的力学性质及抵抗变形的能力。所以从高温性能的角度,建议选择低 VA 含量的 EVA 对沥青进行改性。

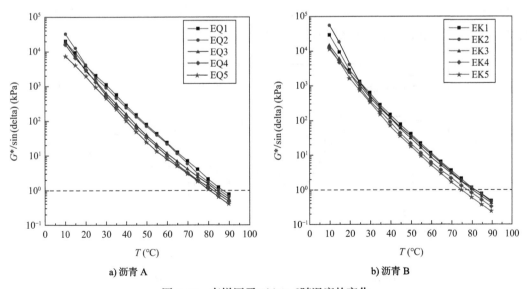

图 4-18 车辙因子 $G^*/\sin\delta$ 随温度的变化

不同 EVA 改性沥青 $G^*/\sin\delta = 1.0\text{kPa}$ 时的失效温度　　表 4-6

VA 含量（wt%）	失效温度（℃）	
	沥青 A	沥青 B
12	87.3	81.7
18	85.8	81.3
25	84.2	80.7
32	82.6	78.2
40	80.8	75.2

3）非线性黏弹性

线性黏弹性是在小形变下得到的，而在大形变下测得的非线性黏弹性可以给出有效的信息，尤其是在区别由于 VA 不同而导致的改性沥青的差别和建立结构与性能的关联方面。因此，进行了一些全面的非线性测试，包括黏流测试、松弛、多应力重复蠕变（MSCR）、低温蠕变。

（1）黏流性质

60℃下稳态黏度在较宽剪切速率范围内随剪切速率的变化，即不同 VA 含量的 EVA 改性沥青的流动曲线，如图 4-19 所示。在较低剪切速率范围内（$10^{-3} \sim 10^{0}\text{s}^{-1}$），黏度随剪切速率的增加而轻微下降，呈现剪稀现象，这种剪稀现象随 VA 含量的降低而变得更加明显。这主要是由于 EVA 分子的扭曲变形造成的，EVA 分子在逐渐增加的应力下经历了显著的构象变形。在沥青中溶胀后 EVA 的相态结构与 SBS 类似，硬微相区由结晶的 PE 段形成而软段则由不定形态的醋酸乙烯链构成。低剪切速率下的剪稀现象与富-乙烯段微相区的移动有关。然而，醋酸乙烯侧基的引入干扰了富-乙烯段微相区结晶的大小，进而影响了聚合物的溶胀过程。醋酸乙烯侧基越多，则结晶程度越低，结晶微相区的尺寸越小，结晶微相区的移动越容易。所以 VA 含量越低，剪稀现象越明显。此外，在高剪切速率下，剪稀现象非常明显，尤其是当剪切速率大于 10s^{-1} 时。在所研究的样品中，VA 为 18wt% 的改性沥青在低速率下的黏度最高，剪稀现象最明显，这主要归因于较好的溶胀和更复杂的分子间的缠结。另外，不同改性沥青 B 之间的黏度差别小于改性沥青 A。

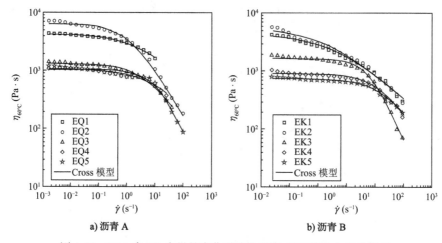

图 4-19　EVA 中 VA 含量的变化对改性沥青 60℃流动曲线的影响

不同样品黏流曲线之间的差别可以用 Cross 模型来定量表征：

$$\frac{\eta - \eta_\infty}{\eta_0 - \eta_\infty} = \frac{1}{\left[1 + (\lambda \cdot \dot{\gamma})^d\right]} \tag{4-3}$$

式中：d——流动指数；

λ——材料的特征时间，与沥青的稠度有关；

η_0——零剪切黏度（ZSV）；

η_∞——剪切速率无限大时的黏度；

其他参数含义同前。

不同 EVA 改性沥青的 Cross 模型参数见表 4-7。ZSV 随 VA 含量的增加先增加后降低，VA 为 18wt% 时出现最大值。黏流测试表明适中的 VA 含量有利于性能的提高，这与线性黏弹性的研究结果一致。特征参数 λ 也是随 VA 含量的增加先增加后降低，VA 为 18wt% 时出现最大值，超过 18wt% 后随 VA 含量的增加 λ 降低。λ 与沥青的稠度有关，因而 VA 为 18wt% 的样品的稠度最大，高温下抵抗流动变形的能力更强。随 VA 含量的增加，剪稀现象的拐点速率变大，表明随 VA 的增加，样品对剪切变得不敏感。溶胀过程对黏流性质的影响十分关键。VA 含量的增加阻止了更大尺寸结晶微区的形成，增大了 PE 分子链之间的距离，有利于更多的轻组分进入聚合物分子间，促进了溶胀过程。所以适中的 VA 含量（本节为 18wt%）可以形成相对较强的物理网状结构、促进溶胀过程及分子间的相互作用。

不同 EVA 改性沥青的 Cross 模型参数 表 4-7

项目	EVA 中不同 VA 含量（wt%）				
	12	18	25	32	40
沥青 A					
η_0（Pa·s）	4279	6379	1313	1067	1032
$\eta_\infty \times 10^4$（Pa·s）	3.57	3.91	1.70	11.3	0.148
λ（s）	0.228	0.754	0.188	0.093	0.063
d	0.531	0.819	0.740	0.568	1.07
沥青 B					
η_0（Pa·s）	4246	5489	1632	899.6	741.7
$\eta_\infty \times 10^4$（Pa·s）	41.8	4.13	12.2	16.9	81.6
λ（s）	2.15	4.35	0.162	0.063	0.048
d	0.454	0.447	1.11	0.785	0.692

（2）松弛模量

松弛现象是黏弹性材料的典型特征，当对材料突然施加一定的应变并在保持应变恒定的过程中，应力会随着时间慢慢减小。所以，松弛模量为应力与应变的比值。当应变较小时，松弛模量仅是时间的函数与应变大小无关。本节在较小的应变范围内测定改性沥青低温下的应力松弛以预测抗开裂性能。松弛模量减小得越快表示抗温缩开裂的能力越强。

不同 EVA 改性沥青在 10℃时松弛模量随时间的变化如图 4-20 所示。

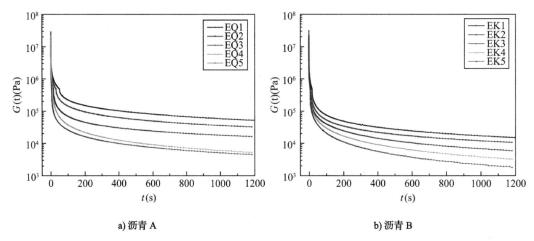

a) 沥青 A　　　　　　　　　　　　b) 沥青 B

图 4-20　不同 EVA 改性沥青 10℃时松弛模量随时间的变化

由图 4-20 可以看出：VA 含量不同，使得不同 EVA 改性沥青的松弛模量变化曲线差别较大。总体而言，所有样品的松弛模量曲线可以分为两个阶段：快速松弛和慢速松弛。快速松弛过程在非常短的时间内松弛模量降低达 3～5 个数量级，慢速松弛过程松弛模量逐步靠近渐近值。在快速松弛阶段，VA 含量越高，松弛越快，表明抗低温开裂能力越强。快速松弛过程主要发生了极性"软"段分子的构象变化及半结晶"硬"微区的迁移。VA 含量的增加使得"硬"微区的结晶度降低，尺寸变小，更容易迁移和重排。另外，Polacco 等指出不仅是微区的简单重排，而且是新的结晶微相区的形成和局部扰动导致了快速松弛过程，这些微相区的存在使得改性沥青具有液体的特征。所以，VA 含量越高，松弛越快。另一方面，长时间的应力松弛过程主要是"硬"微区的持续移动造成的。在外界应力作用下被迫移动的微区有回到最初平衡位置的倾向，这种倾向在持续的应力作用下随着时间的延长而逐渐变弱，所以松弛模量逐步倾向于渐近值。此渐近值随 VA 的增加而减少，并且相同 VA 含量时，沥青 B 的渐近值更低。

（3）多应力重复蠕变（MSCR）

MSCR 是近年来发展的用来评价改性沥青高温性能的指标。MSCR 一般是对样品加载 10 个循环，每个循环加载 1s 的应力，然后撤去应力回复 9s。本节是在 60℃时在两个应力水平（100Pa 和 3200Pa）下进行 MSCR。MSCR 可以得到两个参数：回复率 R 和不可回复柔量 J_{nr}。R 和 J_{nr} 分别由可回复的和不可回复的应变计算得到。

改性沥青 A 在 60℃和 100Pa 时的 10 个循环的应变响应如图 4-21 所示。对于一个蠕变-回复循环，VA 含量越高，蠕变阶段结束时的应变越大，回复阶段结束时的应变也越大。经过 10 个循环之后，VA 含量高的样品积累的不可恢复应变也越大。

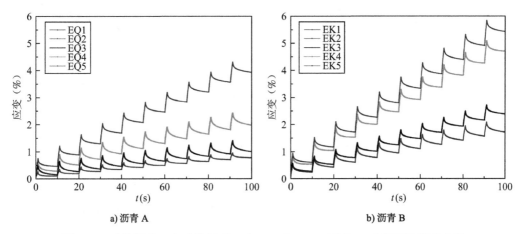

图 4-21 改性沥青 A 与改性沥青 B 在 60℃和 100Pa 时的 10 个循环的应变响应

为定量比较各样品的高温性能，图 4-22 列出了改性沥青 A 和改性沥青 B 在 40℃、60℃和两应力水平下的回复率随 VA 含量的变化。

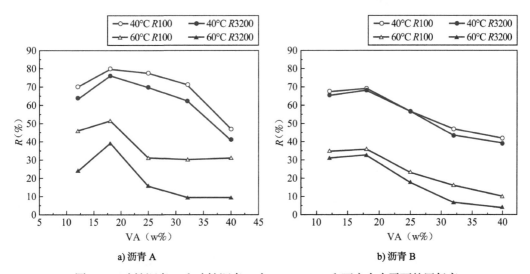

图 4-22 改性沥青 A 和改性沥青 B 在 40℃、60℃和两应力水平下的回复率

由图 4-22 可知，随着 VA 含量的增加，R 先增加后减小，在 VA 为 18wt%存在最大值。温度和应力增加使得 R 大幅下降，如 R_{100} 和 R_{3200}，这表明高温下的重载会严重削弱沥青路面的回复能力。与沥青 A 相比，相同条件下沥青 B 的回复率更低。

不可回复柔量J_{nr}随 VA 含量的变化如图 4-23 所示。J_{nr}随温度和 VA 含量的增加而大幅增加。$J_{nr}100$ 和 $J_{nr}3200$ 间的差距随 VA 的增加而变大。如松弛模量的解释一样，由于 VA 的引入而导致的分子结构和微观聚合物相态的差异可以对 MSCR 的结果给出合理的解释。因此就高温抗车辙能力来说，推荐 VA 为 18wt%的 EVA 改性。

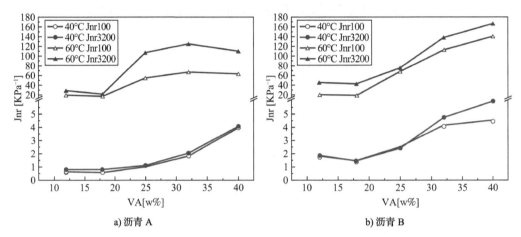

a) 沥青 A

b) 沥青 B

图 4-23　改性沥青 A 和改性沥青 B 在 40℃、60℃和两应力水平下的不可回复柔量

（4）低温蠕变性质

为了表征 VA 含量对改性沥青低温蠕变性质的影响，本书采用弯曲梁流变仪测试了 −12℃和−18℃时不同加载时间下的蠕变性质。蠕变劲度S及m值随加载时间的变化如图 4-24 所示。S值随加载时间的延长明显降低，而m值明显增加，m值的对数与时间的对数几乎是线性关系。当加载时间相同时，VA 含量高的样品的蠕变劲度越小。m值随 VA 含量的增加明显增加。因此就低温性能来说，VA 含量越高越好，因为较低的S值和较高的m值越有利于提高低温抗开裂能力。相同 VA 含量时，沥青 B 的劲度越小，m值越大。另一方面，当温度降低到−18℃时，沥青 B 的S值大幅升高，而m值大幅降低。在更低温度下，不同 VA 含量样品的劲度差值变大，m值差距变小。

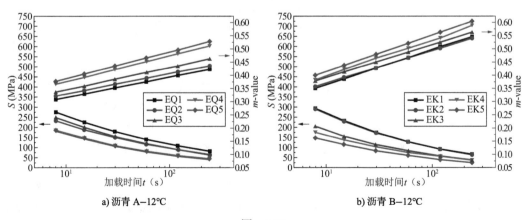

a) 沥青 A−12℃

b) 沥青 B−12℃

图　4-24

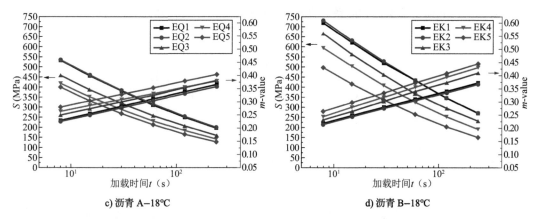

c) 沥青 A-18℃   d) 沥青 B-18℃

图 4-24 改性沥青 A 和改性沥青 B 在-12℃、-18℃时蠕变劲度 S 和 m 值随加载时间的变化

在低温下，较低的 S 值和较高的 m 值表示沥青抗开裂能力越强。本节采用系数 I 来表征沥青的低温抗开裂能力，即 60s 时 S 和 m 的比值。I 值越低低温性能越好。S/m 值随 VA 含量的变化如图 4-25 所示。

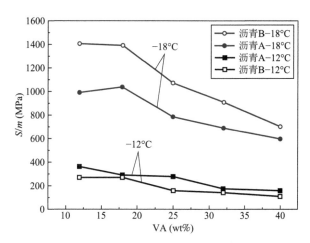

图 4-25 EVA 改性沥青 A 和改性沥青 B 的 S/m 值随 VA 含量的变化

由图 4-25 可以看出，S/m 值随 VA 含量的增加而降低，尤其是低温下该值降低更明显。这主要是因为高含量的 VA 使得结晶度降低，分子柔顺性变好。因此，含 VA 高的改性沥青的抗开裂能力强。

不仅如此，样品经 RTFOT 和 PAV 老化后的样品也进行了 BBR 试验。老化前后-12℃下的 S 值和 m 值的对比见表 4-8。如预期的那样，PAV 老化后蠕变劲度 S 值大幅增加，而 m 值明显降低。但是不同样品老化后 S 值的增幅和 m 值的降幅是不相同的。相比于原样，老化后 S 的增幅随 VA 含量的增加而变大，同时 m 值的降幅也变大。这表明 VA 含量越高，沥青的抗老化能力越差。即便如此，经长期老化后，高 VA 含量样品的低温性能仍好于低 VA 含量的。所以，无论是老化前还是老化后，VA 含量增加提高了样品的低温性能，但高 VA 含量的改性沥青的抗老化性相对变差。

不同 VA 含量的 EVA 改性沥青 A 老化前后 −12℃下的 S 和 m 值的对比　　表 4-8

状态	参数	EQ1	EQ2	EQ3	EQ4	EQ5
老化前	S（MPa）	138	115	113	79.9	76.5
	m	0.375	0.388	0.41	0.451	0.465
老化后	S（MPa）	233	230	222	210	197
	m	0.310	0.315	0.321	0.330	0.334

4）黏弹特性与 VA 含量的关系

为了从 EVA 分子结构的角度解释上述流变性质的变化，需要对醋酸乙烯和 EVA 分子的化学结构进行阐述。EVA 分子中不同 VA 含量下分子结构变化如图 4-26 所示。EVA 是乙烯与醋酸乙烯通过无规共聚方式得到的。乙烯段是结晶性的且是非极性的，而含 VA 段的分子是极性的且是非结晶性的。EVA 的力学性质受 VA 含量的影响很大，进而影响改性沥青的流变性。

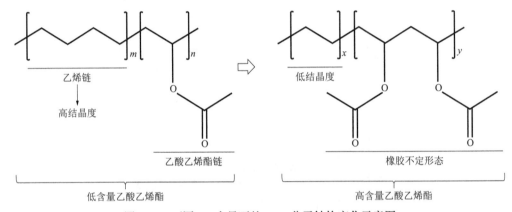

图 4-26　不同 VA 含量下的 EVA 分子结构变化示意图

当 VA 含量较低时，乙烯段的分子排列有序紧密，结晶度较高，EVA 分子的整体结晶程度较高。一方面高结晶的乙烯段赋予 EVA 较高的硬度和强度，进而使得沥青的高温性能较好。因此 VA 含量低的 EVA（12wt%、18wt%）显著提高了沥青的高温性能，如高温复数模量G^*，零剪切黏度 ZSV 和较低的不可恢复柔量J_{nr}，说明沥青的高温抗车辙能力得到较大的提高。但也正是因为低 VA 含量的 EVA 结晶度较高，导致其弹性性质较差。因此低温下的松弛和蠕变性质相对较差。另一方面，结晶的乙烯段微相区使得聚合物与沥青间的相互作用变弱，聚合物的溶胀相对不理想。因此在结晶和溶胀两方面的作用下，VA 为 18wt% 改性沥青的黏弹参数（复数模量G^*、储存模量G'和损失模量G''）、黏度和高温蠕变回复率最大。

当 VA 含量较高时，EVA 在沥青中微观上有均匀分散的倾向。因为大量 VA 的存在使得结晶度较低，更倾向于向类橡胶态无定型相态转变。大量醋酸侧基的存在严重打乱了 PE

分子排列的紧密有序性，使得 EVA 硬度减弱，但大幅提高了弹性和柔顺性。因此高 VA 含量的改性沥青的高温力学性质较差，尤其是当 VA 大于 18wt% 以后，样品的模量、零剪切黏度、回复率随 VA 含量的增加明显降低，而低温松弛和蠕变性能变好。

4.2.2 聚合物改性沥青多相体系的相态及其流变学表征

（1）不同 VA 含量的 EVA 改性沥青的相态

不同 VA 含量 EVA 改性沥青的荧光显微图像如图 4-27 所示。如预期的那样，EVA 的加入在沥青中形成了新相，被溶胀的聚合物颗粒分散在沥青中。不同 VA 含量的改性沥青聚合物相的形态特征是不同的。低 VA 含量（12wt%）的改性沥青 A 的聚合物相为圆形，其直径约为 25μm。VA 为 12wt% 的改性沥青 B 的聚合物相不规则，且尺寸变大。较低含量的 VA 使得 EVA 分子较硬，在沥青中的分散较难。而沥青 B 中较多的轻组分可能导致了不规则的聚合物相，进而溶胀程度比沥青 A 好。随 VA 含量的增加，聚合物相趋于分散的更均匀且尺寸有变小的趋势。需要注意的是虽然 VA 为 25wt% 和 32wt% 的聚合物相的尺寸与 VA 为 18wt% 的相近，但后者（18wt%）主要是因为 VA 含量低且硬度大使得 EVA 难分散，所以尺寸较大。而 VA 为 25wt% 和 32wt% 的样品是因溶胀较好而造成的尺寸较大。另一方面，VA 高的聚合物分布更稀疏，且变得更加不明显。这是因为高含量 VA 的存在使得 PE 段结晶不完整，结晶度降低，分子间距变大，轻组分容易迁移到 EVA 分子之间，溶胀更好。

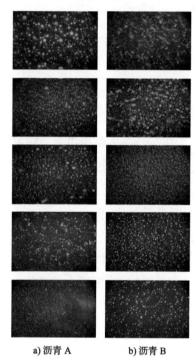

a) 沥青 A　　b) 沥青 B

图 4-27　EVA 改性沥青的荧光显微图（VA 为 12 到 40wt%，粒径 50μm）

通过统计方法得到的 EVA 改性沥青 A 和改性沥青 B 的聚合物相的平均粒径分布分别如图 4-28 和图 4-29 所示。从总体上看，所有 EVA 相的平均直径在 2μm 处有较强的峰，说明平均直径为 2μm 的聚合物相较多。随着 VA 含量的增加，聚合物相的粒径分布有明显变窄的趋势，即直径较大的聚合物相明显减少，聚合物相的尺寸越来越均匀。EVA 改性沥青 A 和改性沥青 B 的聚合物相平均粒径分布存在差别。对于改性沥青 A 来说，2μm 处尖峰的强度随 VA 含量的增加先降低后增加，且粒径分布范围变窄。例如，VA 为 12wt% 的 EVA 改性沥青 A 的粒径分布为 1~47.5μm，且大尺寸的颗粒较多，而 VA 为 40wt% 的样品粒径分布为 1~20μm，粒径主要集中在较小的范围内。由此可以说明 VA 为 12wt% 的 EVA 相对更脆、更硬，难以被剪切分散，因而有很大的颗粒存在，而被剪切分散开的颗粒由于较脆因而尺寸又很小；VA 为 40wt% 的 EVA 柔顺性较好，聚合物相的尺寸变小，且分散得较为均匀，没有大颗粒的出现。对于改性沥青 B，2μm 处尖峰的强度随 VA 含量的增加而降低，且粒径分布范围变窄；另外，15～25μm 处的峰强度随 VA 含量的增加而增加，这与高 VA 含量的 EVA 相的溶胀程度有关。

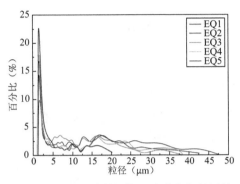

图 4-28　EVA 改性沥青 A 聚合物相的平均粒径分布图

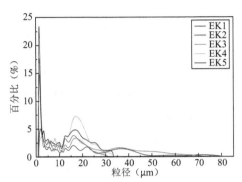

图 4-29　EVA 改性沥青 B 聚合物相的平均粒径分布图

（2）VA 含量与相态、稳定性的关系

EVA 分子中不同 VA 含量下分子结构变化如图 4-26 所示。EVA 是乙烯与醋酸乙烯通过无规共聚方式得到的。乙烯段是结晶性的，且是非极性的；而含 VA 段的分子是极性的，且是非结晶性的。

EVA 改性沥青的相态可以对流变性和稳定性做出较好的解释。当 VA 含量较低时，EVA 分子结晶度相对较高，在沥青中难以分散，同时分子间排列紧密整齐（可从密度看出），分子间间距较小，沥青中的轻组分不容易进入 EVA 分子之间。也就是说，由于硬度较大，EVA 分散的不好，尺寸较大，分散在沥青中 EVA 颗粒由于分子排列紧密，不容易发生溶胀，因而聚合物相的体积分数较小，聚合物相与沥青相的相互作用较弱，难以形成网络搭桥结构。所以，较大尺寸的聚合物相及聚合物相与沥青相较弱的相互作用使得低 VA 含量的改性沥青稳定性不好，较硬的 EVA 相使得改性沥青的低温性能提高有限，而正是因为低 VA 造成的高结晶度使得改性沥青的高温性能较好。

另一方面，随 VA 含量的增加，EVA 的结晶度降低，硬度减弱，结晶的 PE 段微相区变小，分子柔顺性变好，容易被分散到沥青中，EVA 相的尺寸变小，被分散到沥青相中的 EVA 颗粒由于分子间距变大，沥青中的小分子容易迁移到 EVA 中，溶胀变好。因此，随 VA 的增加，EVA 的强度大幅降低，柔顺性大幅提高，导致高温性能减弱，低温性能提高。高 VA 含量的样品的稳定性变好，是因为较好的溶胀和相容性导致的。综上所述得出，EVA 中合适的 VA 含量对于同时获得理想的高温性能、较好的低温性能及合格的储存稳定性是非常必要的。

4.3　本章小结

（1）不同密度的 PE 改性沥青的频率扫描、温度扫描和稳态黏流试验表明：MDPE 改

性沥青的复数模量 G^*、储存模量 G' 和车辙因子 $G^*/\sin\delta$ 最大；其次是 HDPE，LLDPE 和 LDPE。稳态黏流曲线表明：MDPE 改性沥青呈现明显的剪稀现象，Ostwald 模型可以较好地描述该剪稀现象；而对于 HDPE、LLDPE 和 LDPE，其在低剪切速率下呈现明显的牛顿流体性质及在高剪速下表现出剪稀现象；Carreau 模型可以很好地描述三者的流体性质。LLDPE 的应力松弛能力最强，MDPE 最差；低温蠕变性由好到差的顺序为 LLDPE、LDPE、HDPE 和 MDPE。

（2）不同聚合物改性沥青的相态结构研究结果表明：HDPE 相近似呈圆形分散在沥青中，分布很稀疏且聚集现象较明显；而 MDPE 相的形状很不规则，近似条状，且尺寸较大，部分区域呈片状分布；LLDPE 和 LDPE 相两者都以圆形均匀分在沥青中，尺寸较小。LLDPE 和 LDPE 的粒径分布比 HDPE 和 MDPE 窄的多，且 LDPE 相的分布相对于 LLDPE 更密集。PE 的分子链结构可以较好地阐明改性沥青的相态和黏弹性之间的关系。

（3）通过动态频率扫描、温度扫描、黏流测试、应力松弛、多应力重复蠕变（MSCR）和低温蠕变研究 VA 含量对 EVA 改性沥青性能影响的结果表明：随 EVA 中 VA 含量的增加，VA 含量为 18wt% 的 EVA 改性沥青的模量（G^*、G' 和 G''）、黏度和高温蠕变回复率最大；当 VA 含量大于 18wt%，上述指标明显降低；VA 为 18wt% 的改性沥青在低剪切速率下的黏度最高，剪稀现象最明显。低温性能方面，VA 含量越高，松弛模量在初始阶段降低得越快；BBR 表明 VA 含量越高的样品的蠕变劲度越小；m 值随 VA 含量的增加明显增加，表明抗低温开裂能力增强。

（4）EVA 颗粒主要以圆形分散在沥青中，随 VA 含量的增加，聚合物相的粒径分布有明显变窄的趋势，即直径较大的聚合物相比例明显减少，聚合物相的尺寸越来越均匀。

第 5 章

基于流变方法的聚合物改性沥青相容性和稳定性研究

聚合物与沥青的相容性是非常关键的一个问题，SBS 的结构（如 S/B 嵌段比、分子构型等）、PE 的密度、胶粉粒径及 EVA 中 VA 的含量等结构参数对聚合物在沥青中分散和分布及对改性沥青的流变性、力学性质均产生重要的影响。另一方面，目前还没有定量表征聚合物与沥青之间相容性的方法，因而建立快速、灵敏判断聚合物与沥青相容性的方法十分必要。

本章基于流变学的方法来探究聚合物改性沥青的相容性和稳定性，流变学方法相比于传统的针入度分级方法研究改性沥青的相容性具有更高的灵敏度。利用动态剪切流变仪测得的黏弹性参数（储存模量、损失模量、相位角和动剪切黏度等）构建多变量黏弹性参数图，建立判定聚合物/沥青多相体系相容性的流变学方法。通过对流变学谱图判定聚合物/沥青相容性的灵敏度和适用性进行研究，优选适用性好、灵敏度高的方法并利用该方法分析聚合物分子结构对聚合物/沥青多相体系相容性的影响。采用流变黏弹函数研究不同聚合物改性沥青的储存稳定性，并对相分离过程进行了追踪。最后利用流变学相容性判据对宏观相分离进行预测和验证。

5.1 黏弹曲线与相容性的关联关系

为了使改性沥青的最终应用性能达到最佳，在改性沥青的储存、泵送和摊铺过程中应严格避免聚合物与沥青的相分离。聚合物与沥青之间良好的相容性对避免发生相分离是十分关键的。一般来说，聚合物与沥青的相容性越好则改性沥青的高温稳定性越好。首先制备了 2 种储存稳定的改性沥青（加稳定剂的 SBS 改性沥青和 MAH-g-SBS 改性沥青）和 2 种储存不稳定的改性沥青（SBS 和 HDPE 改性沥青）；然后按照标准进行储存稳定性测试。不同聚合物改性沥青的储存稳定性测试结果见表 5-1。

改性沥青的储存稳定性测试结果　　　　　　　　表 5-1

原材料	软化点（℃）		温差（℃）	稳定性	相容性
	上部	下部			
SBS 改性沥青防水卷材	80.2	59.3	20.9	不稳定	不相容
SBS 改性沥青稳定剂	72.8	72.3	0.5	稳定	相容
HDPE 改性沥青	90.5	64.4	26.1	不稳定	不相容
MAH-g-SBS 改性沥青	73.9	72.5	1.4	稳定	相容

标准规范要求上下部样品的软化点差不得大于 2.4℃。由表 5-1 可知：SBS、HDPE 在改性沥青储存过程中存在严重的离析现象，属于储存不稳定样品，而加稳定剂的 SBS 改性沥青和马来酸酐接枝 SBS（MAH-g-SBS）改性沥青的储存稳定性非常好。由此可以看出，聚合物与沥青的相容性越好则改性沥青的高温稳定性越好，反之亦然。MAH-g-SBS 及加稳定剂的 SBS 与沥青的相容性较好，而 SBS、HDPE 与沥青的相容性较差。所以，相容性与稳定性有直接的关系，聚合物与沥青相容性的好坏决定了改性沥青储存稳定性的好坏。

本节通过测定储存稳定的样品和储存不稳定样品的流变特性，利用黏弹性参数（储存模量、损失模量、相位角和动剪切黏度等）构建了多变量黏弹性参数图，建立判定聚合物/沥青多相体系相容性的流变学方法，并对流变学谱图判定聚合物/沥青相容性的灵敏度和适用性进行研究，优选适用性好、灵敏度高的方法，以期从相容性判据上预测改性沥青的储存稳定性。

5.1.1　储存模量和损失模量的依频性

根据聚合物共混体系线性黏弹性理论可知，在频率谱的低频末端区，均相体系的储存模量的对数正比于频率平方的对数，而损失模量的对数与频率的对数呈正比，即 $\log G' \propto \log \omega^2$ 和 $\log G'' \propto \log \omega$。因此，在储存模量和损失模量对频率变化的双对数坐标图上，低频区储存模量和损失模量曲线的斜率分别为 2 和 1。这个规律称为低频末端标度规则。值得注意的是，该低频末端特征对均相体系是近似的。而对于聚合物改性沥青多相体系，越符合该低频末端标度规则说明体系的均相特征越明显，表明聚合物与改性沥青的相容性就越好。因此，本书采用该标度规则和储存模量、损失模量的频率谱来判断聚合物改性沥青的相容性。不同聚合物改性沥青储存模量和损失模量对频率变化的双对数坐标曲线分别如图 5-1～图 5-4 所示。在图 5-1～图 5-4 中，分图 a）为储存模量 G' 对频率的变化曲线，图中标出的虚线斜率为 2；分图 b）为损失模量 G'' 对频率的变化曲线，图中标出的实线斜率为

1，以方便判断是否符合低频末端标度规则。

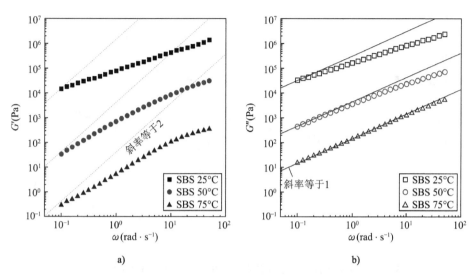

图 5-1　不同温度下 SBS 改性沥青储存模量和损失模量对频率的依赖性

由图 5-1 可知，储存模量曲线在低频末端区不符合标度规则，而损失模量曲线符合低频末端标度规则。随着温度的升高，G' 和 G'' 曲线在低频区更加趋于符合标度规则。这表明储存不稳定的 SBS 改性沥青储存模量曲线不符合标度规则，而损失模量曲线符合低频末端标度规则，然而只有当储存模量曲线和损失模量曲线同时符合标度规则时，则认为体系的相容性好。由此可以推断该 SBS 改性沥青体系的相容性不好。

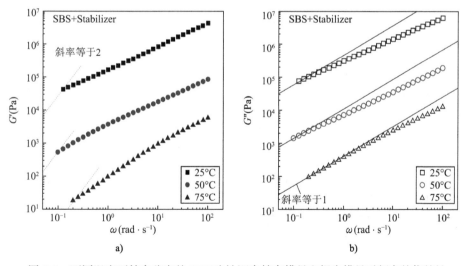

图 5-2　不同温度下储存稳定的 SBS 改性沥青储存模量和损失模量对频率的依赖性

由图 5-2 可知，储存稳定的 SBS 改性沥青的储存模量曲线在低频末端区不符合标度规则，而损失模量曲线符合低频末端标度规则。然而由该改性沥青较好的储存稳定性可以推断该体系的相容性较好，这表明通过频率谱的低频末端标度规则判断的相容性与实际储存稳定性推断的相容性不相符。

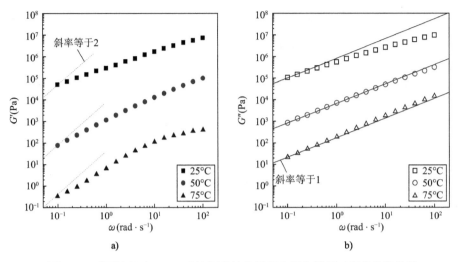

图 5-3　不同温度下 HDPE 改性沥青储存模量和损失模量对频率的依赖性

由图 5-3 可知，储存不稳定的 HDPE 改性沥青的储存模量和损失模量频率谱不符合低频末端标度规则，但储存稳定的 MAH-g-SBS 改性沥青（图 5-4）的储存模量和损失模量频率谱也不符合低频末端标度规则。这表明储存模量和损失模量频率谱的低频末端规则无法准确判断聚合物与沥青的相容性。图 5-1～图 5-4 中的频率对数的范围为 −1～2，是否是因为低频区的范围太窄导致了标度规则不适用需要进一步研究。因此，根据不同温度下的频率扫描结果绘制了较宽频率的主曲线。

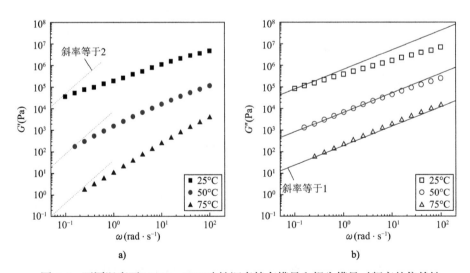

图 5-4　不同温度下 MAH-g-SBS 改性沥青储存模量和损失模量对频率的依赖性

5.1.2　主曲线（master curves）

不同聚合物改性沥青在参考温度为 25℃时的主曲线如图 5-5 所示。

第 5 章 基于流变方法的聚合物改性沥青相容性和稳定性研究

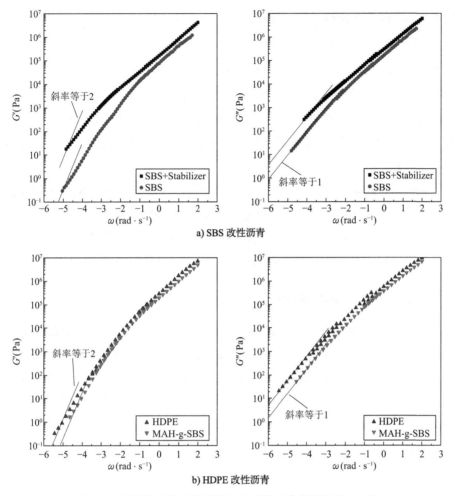

图 5-5 不同聚合物改性沥青的主曲线（参考温度为 25℃）

由图 5-5 可知，聚合物改性沥青基本符合时-温等效原理。主曲线的频率的对数范围较宽（−6～2），但对于相容性较好的和储存稳定的 SBS 改性沥青（SBS + 稳定剂），主曲线低频末端仍然不符合标度规则，尤其是储存模量曲线。储存不稳定的 SBS 改性沥青也不符合标度规则。HDPE 改性沥青的损失模量曲线在低频末端区符合标度规则，但储存模量曲线仍不符合；值得注意的是储存稳定性较差的 HDPE 改性沥青的主曲线存在轻微的裂分现象。储存稳定的 MAH-g-SBS 改性沥青的储存模量曲线在低频末端区的斜率非常接近 2，且损失模量曲线在低频末端区的斜率等于 1，这表明 MAH-g-SBS 改性沥青的主曲线在低频末端区符合标度规则，也就是根据主曲线低频末端标度规则判断的 MAH-g-SBS 改性沥青的相容性较好。但是主曲线的标度规则并不能判定所有相容性较好的样品，例如储存稳定的 SBS 改性沥青的相容性较好，用该方法却无法判断出。

时-温等效原理适用于热流变简单材料，即材料中所有松弛单元的温度依赖性是相同的。对于组成复杂的材料，若体系中存在温度依赖性不相同的松弛单元，则在应用时-温等效原理构筑主曲线时，主曲线会发生裂分现象。对于聚合物改性沥青体系，若聚合物与沥青的相容性很好，则聚合物分子与沥青组分有相似的松弛机制，对温度的依赖性是相同的，因而时-温等效原理是适用的。若聚合物与沥青组分的相容性较差，聚合物的松弛机制与沥青组分的大不相同，则松弛单元对温度的依赖性是不同的，因此时-温等效原理不适用；即使适用，其适用的温度范围也会很窄，因此，主曲线会发生裂分现象。所以，主曲线是否发生裂分也可以判断聚合物改性沥青多相体系的相容性。但是图 5-5 表明，相容性相对不好的 SBS 改性沥青的主曲线未发生明显的裂分现象，利用主曲线是否裂分来判断相容性的灵敏度不是很理想。

总之，主曲线的低频末端标度规则可以判定聚合物改性沥青的相容性，但灵敏度不高。相容性不好的改性沥青体系一定不符合主曲线的低频末端标度规则，且存在轻微的曲线裂分现象，相容性较好的改性沥青体系也可能不符合主曲线的标度规则，即主曲线判定相容性的准确性和灵敏度不高；但相容性好的改性沥青一定符合时-温等效原理。

5.1.3 等时图（isochronal plots）

前面主要研究了黏弹参数的频率谱（时间）与相容性的关联关系，而黏弹参数的温度谱也是改性沥青流变性非常重要的方面，它可以给出很多有用的黏弹信息。等时图就是在时间一定（或固定频率）的情况下黏弹函数对温度的变化曲线。本小节试图从等时图上判断改性沥青的相容性，得出等时图与相容性的关联关系。不同改性沥青储存模量和损失模量在 10rad/s 时的等时曲线如图 5-6 所示。

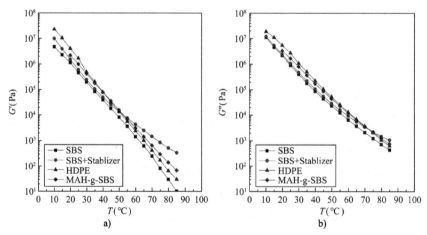

图 5-6 不同改性沥青储存模量和损失模量在频率为 10rad/s 时的等时曲线

由图 5-6 可知，随着温度的升高，储存模量和损失模量剧烈降低，但该降低趋势的速率是不相同的。在低温区域，HDPE 改性沥青的存模量和损失模量最大，SBS 改性沥青最小。在中高温区域，加稳定剂的 SBS 改性沥青曲线出现平缓区，这表明 SBS 相在沥青中形成了网状结构。而储存不稳定的 SBS 改性沥青在高温区模量下降得最快。从图 5-6 中可以得到，不同聚合物对沥青的改性程度以及对体系模量提高的幅度，与相容性问题无关。也就是说，储存模量和损失模量的等时图给出的是改性沥青的黏弹性能信息，并没有反映出相容性优劣的信息，进而无法用等时图来判断相容性。

图 5-7 列出了不同改性沥青的复数模量和相位角在 10rad/s 时的等时曲线。

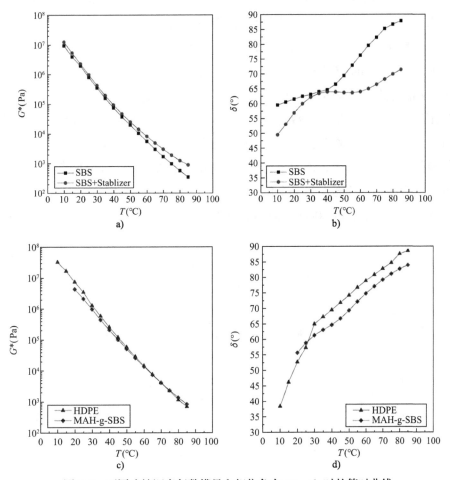

图 5-7 不同改性沥青复数模量和相位角在 10rad/s 时的等时曲线

由图 5-7 可以看出，复数模量的变化趋势与储存模量、损失模量基本一致，相容性好的样品和相容性不好的样品其复数模量等时曲线并没有明显的差别，因而也无法判断相容性。图 5-7 中分图 b)、d)给出了相位角的等时曲线。总体上来说，相位角随温度的升高而增大。SBS 改性沥青的相位角在温度较低时增加得较慢，而在温度较高时增加得较快。加稳定剂的 SBS 改性沥青相位角存在明显的平台区（40~60℃）。HDPE 改性沥青前面相位角增加得快，而后面增加得慢。MAH-g-SBS 改性沥青的相位角增加得快慢程度基本保持一致，并未出现平台区。相位角表征的是储存模量和损失模量的比例关系，含义是改性沥青弹性性质与黏性性质比例随温度的变化。当温度较低时，相位角较小，体系主要呈现弹性性质；当温度较高时，相位角较大，黏性性质占主导。因此，等时图给出的是改性沥青的黏弹性能、力学性质及黏弹比例关系等信息，而这些性质的变化趋势与相容性没有明显的相关关系。即等时图未反映出相容性优劣的信息，无法使用等时图来判断相容性。

5.1.4 框图（Block diagrams）

前述第 5.1.1～5.1.3 节构建的黏弹参数曲线都是与频率和温度相关的，这些基于频率谱和温度谱的主曲线和等时图并不能很好地判断相容性。若在曲线中不体现黏弹参数对温度和频率的依赖性，可以将相位角作为纵坐标、相应的复数模量作为横坐标建立坐标系，作图得到 Block diagrams（框图）。Block diagrams 在研究聚合物共混体系时应用较多，它是一种非常有用的绘制流变数据曲线的图形方法，图中并不包含频率的变化。因为相位角近似等于特定温度下复数模量的对数对频率的导数，所以 Block diagrams 对改性沥青相态的变化十分敏感。对于聚合物改性沥青，不同温度下的 Block diagrams 可以绘制在一起，若是可以构筑呈一条连续曲线，说明聚合物与沥青的相容性较好，任何偏离单一连续曲线现象说明改性沥青的内部相态发生了变化。

不同聚合物改性沥青的 Block diagrams 如图 5-8 所示。

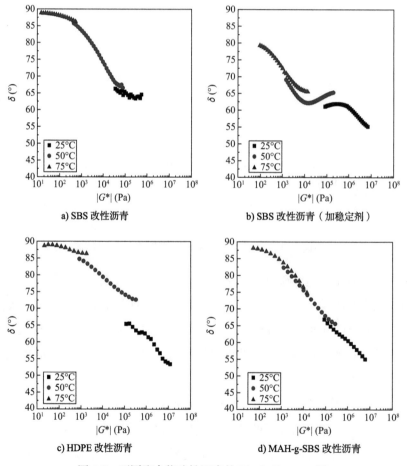

图 5-8　不同聚合物改性沥青的 Block diagrams 图

由图 5-8 可以看出：相容性较差且储存不稳定的 SBS 改性沥青基本可以形成一条连续曲线，但相容性较好且储存稳定的 SBS 改性沥青（加稳定剂）却存在严重裂分现象；储存不稳定的 HDPE 改性沥青的曲线也存在严重的分裂现象。但相容性较好的 MAH-g-SBS 改性沥青基本可以形成一条连续曲线。因此，Block diagrams 不能判断出聚合物与沥青相容性的优劣。同时，Müller 等指出 Block diagrams 曲线的形状与改性沥青的内部结构有很大的关系，相位角对复数模量曲线的轻微变化对应着总体松弛谱的较大变化。因此，Block diagrams 并不适合用来判定改性沥青体系的相容性。

5.1.5 Han 图

Han 等发现，嵌段共聚物的"有序→无序"转变可以通过 G' 对 G'' 的双对数图来检验，后来更多地用在聚合物共混体系中来研究体系的相容性。Han 图中体现了弹性和黏性的变化趋势，尽管图中没有直接体现出频率的范围，但模量越高代表的频率越高。

不同聚合物改性沥青的 Han 图如图 5-9 所示。图 5-9 中的直线表示 $G' = G''$，Han 曲线与该直线的交点表示的是相交频率，即 $G' = G''$ 时的频率。直线右下方的数据表明改性沥青体系主要是黏性性质占主导，若曲线位于直线的左上方，这说明弹性性质占主导。如前所述的标度规则可知，储存模量 G' 的对数正比于 2 倍的损失模量 G'' 的对数，即 $\log G' \propto 2\log G''$。因此相容性好的体系的 Han 图呈现两个典型特征：①不同温度下的 $\log G'$ - $\log G''$ 曲线可以较好地形成一条连续曲线；②储存模量和损失模量的双对数坐标图上，G' 与 G'' 呈线性相关且曲线低频末端的斜率等于 2。基于以上两点可以判断改性沥青的相容性。

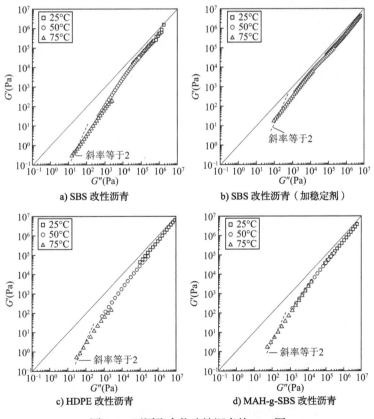

图 5-9 不同聚合物改性沥青的 Han 图

由图 5-9 可知，SBS 改性沥青不同温度下的 Han 图基本可以叠合在一起形成连续曲线，但末端区的斜率明显偏离 2，所以相容性不好，这与储存稳定性推出的相容性不好是一致的。加稳定剂的 SBS 改性沥青的不同温度下的 Han 图完全可以叠合在一起形成连续曲线，但是末端区的斜率明显偏离 2。这表明 Han 图判定的相容性可能与实际情况不符。HDPE 改性沥青的 Han 图存在较为明显的裂分现象，但是其末端区的斜率接近 2，总体上 Han 图可以判定 HDPE 与沥青的相容性不好，这与储存稳定性推断的相容性是一致的。MAH-g-SBS 改性沥青的 Han 图完全可以叠合成一条连续曲线且末端区的斜率接近 2，因此 MAH-g-SBS 与沥青的相容性较好，这与储存稳定性推断的相容性是一致的。

总之，Han 图可以判定聚合物改性沥青的相容性，但其准确性和灵敏度不高。相容性不好的改性沥青体系会出现裂分现象，或末端斜率明显偏离 2。相容性好的体系可能由 Han 图相容性规则鉴别不出来。

5.1.6 Cole-Cole 图

Cole-Cole 图由复数黏度（$\eta^* = \eta' - i\eta''$）的实部和虚部构成，横坐标是 η'，纵坐标是 η''。Cole-Cole 图被广泛应用于聚合物共混体系的研究中。图中 η'' 对 η' 的变化曲线越呈现抛物线对称，则体系的相容性越好，曲线越不对称说明相容性越差。本部分借鉴聚合物混溶体系中的 Cole-Cole 图来研究不同聚合物改性沥青的相容性。

SBS 改性沥青和加稳定剂的 SBS 改性沥青 50℃时的 Cole-Cole 曲线分别如图 5-10a）和图 5-10b）所示。η'' 随 η' 的增加先升高后降低，曲线出现最大值点。不同样品的 Cole-Cole 曲线的对称性是不同的。储存稳定性差的 SBS 改性沥青体系的 Cole-Cole 图中 η''-η' 曲线的左半部分与右半部分明显不对称，因而相容性不好，这与实际情况一致。加稳定剂的 SBS 改性沥青的 η''-η' 曲线对称性较好，因而该多相体系的相容性很好，这与储存稳定性推出的相容性很好是一致的。HDPE 和 MAH-g-SBS 改性沥青 50℃时的 Cole-Cole 曲线如图 5-11 所示。

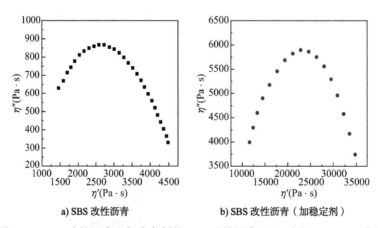

a) SBS 改性沥青　　　　　　　　b) SBS 改性沥青（加稳定剂）

图 5-10　SBS 改性沥青和加稳定剂的 SBS 改性沥青 50℃时的 Cole-Cole 曲线

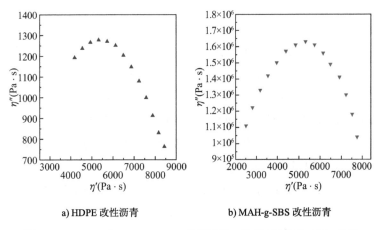

图 5-11　HDPE 和 MAH-g-SBS 改性沥青 50℃时的 Cole-Cole 曲线

由图 5-11 可知，HDPE 改性沥青 Cole-Cole 曲线的对称性很差，表明相容性不好。而 MAH-g-SBS 改性沥青对称性很好，说明相容性好。综上可知，Cole-Cole 曲线的对称性与体系的相容性存在最直接的对应关系，曲线对称性好对应着改性沥青体系相容性好，并且准确性和灵敏度较好，没有发生误判的情况。因此，完全可以用 Cole-Cole 图来判断聚合物改性沥青多相体系的相容性。另外，Müller 等研究了 SBS 和沥青之间的相容性，发现 Cole-Cole 图是鉴别判定 SBS 与沥青相容性的非常有效的方法，这与本结论一致。

综上所述，通过储存模量和损失模量频率谱、等时图及 Black diagrams 无法判断聚合物与沥青的相容性；主曲线和 Han 图可以判定聚合物改性沥青的相容性，但准确性和灵敏度不好。相容性不好的改性沥青体系一定不符合主曲线的低频末端标度规则，且存在轻微的曲线裂分现象，相容性较好的改性沥青体系也可能不符合主曲线的标度规则。相容性不好的改性沥青体系的 Han 图会出现裂分现象或是末端斜率明显偏离 2。相容性好的体系可能由 Han 图相容性规则鉴别不出来。主曲线和 Han 图均发生误判的情况。Cole-Cole 曲线的对称性与体系的相容性存在最直接的对应关系，曲线对称性好对应着改性沥青体系相容性好，并且准确性和灵敏度较好，没有发生误判的情况。所以 Cole-Cole 图是鉴别判定聚合物与沥青相容性的非常有效的方法。下一节采用 Cole-Cole 图研究了聚合物结构对改性沥青相容性的影响。

5.2　聚合物分子结构对改性沥青相容性的影响

由第 5.1 节的研究结论可知，Cole-Cole 图是鉴别判定聚合物与沥青相容性非常有效的方法。因此，本节采用 Cole-Cole 图分别研究 SBS 中 S/B 结构、PE 密度、EVA 中 VA 含量及胶粉粒径对改性沥青多相体系相容性的影响。

5.2.1 嵌段比 S/B 对 SBS 改性沥青相容性的影响

SBS 的嵌段比 S/B 对聚合物在沥青中分散和分布产生重要的影响。一般认为 SBS 分子链中 PB 中段、PS 末端段与沥青组分的溶胀及相互作用不同，但具体作用机制仍然不清楚。因此，研究 SBS 和沥青的相容性是非常重要的，以揭示 SBS 中不同的 S/B 结构是如何影响流变性和相态的。如前所述，Cole-Cole 图是鉴别判定 SBS 与沥青相容性非常有效的方法。所以本书采用 Cole-Cole 图研究不同 S/B 结构的 SBS 制备的改性沥青的相容性。SBS-1、SBS-2 和 SBS-3 的嵌段比分别为 S/B = 20/80、S/B = 30/70 和 S/B = 40/60，除嵌段比不同外，三种 SBS 的其他结构组成均相同。

SBS 改性沥青 a 和改性沥青 b 在 50℃时的 Cole-Cole 曲线如图 5-12 所示。

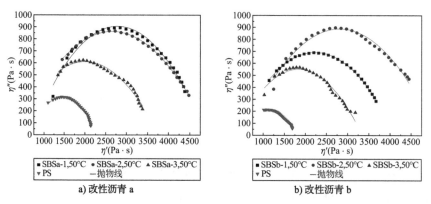

图 5-12 不同 SBS 改性沥青在 50℃时的 Cole-Cole 曲线

从图 5-12 可以看出，η'' 随 η' 的增加先升高后降低，曲线出现最大值点。不同样品的 Cole-Cole 曲线变化趋势不同，SBS-1 和 SBS-2 的 Cole-Cole 曲线的对称性好于 SBS-3，SBS-1 和 SBS-2 曲线的对称性相差不大。SBS 改性沥青 Cole-Cole 曲线的对称性远远好于 PS 改性沥青。曲线左边的半弧体现了沥青的弹性性质，η'' 从最大值点随 η' 的增加而下降代表从弹性性质向黏性性质的转变。本书测定的所有 50℃下的样品，Cole-Cole 曲线均偏向右半部分，这说明黏性性质占主导。而对于改性沥青 b，曲线左半弧（高频区）发生重叠，而右半弧（低频区）之间的差别大于改性沥青 a 的。SBS 中苯乙烯含量减小，曲线逐渐向右侧集中。

为了定量区别 Cole-Cole 曲线的对称性，本节采用抛物线对曲线进行拟合，用拟合度来区别曲线对称性，进而表征不同 SBS 与沥青的相容性。拟合结果表明：SBS-2 的 Cole-Cole 曲线的对称性最好，因而 SBS-2 与沥青的相容性最好；SBS-3 的曲线形状最不规则，对称性较差；而 SBS-1 介于两者之间。需要注意的是 PS 改性沥青的 Cole-Cole 曲线十分不规则，相容性很差。这表明苯乙烯含量并不是越多越好，而是苯乙烯段与丁二烯段的比例关系存在最佳值（S/B = 30/70），体系的相容性最好。

然而在较高温度下，Cole-Cole 曲线的形式会发生巨大的变化，如图 5-13 所示。如前所述，SBS 在微观上为两相结构，PS 段的聚集体分散在橡胶态的 PB 相中，两者在不同温度和频率下的松弛机制不同。文献认为不同的松弛过程或各种松弛机制的叠加导致了非常复杂的松弛过程，使得Cole-Cole曲线变得不规则。从分子结构上分析，较硬玻璃态的PS段微相区呈现较宽的松弛时间分布。而PB段在分子结构上与沥青的轻组分更接近，松弛过程相似。因此苯乙烯含量的增加导致Cole-Cole曲线偏离对称。

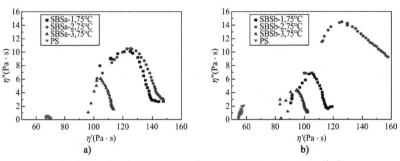

图5-13　不同SBS改性沥青在75℃时的Cole-Cole曲线

5.2.2　不同PE改性沥青的相容性

PE改性沥青具有非常优异的高温抗车辙能力以及相对较低的成本，但也具有储存稳定性很差、PE与沥青的相容性较差的明显缺点。聚乙烯的分子链较长且排列规整有序，极易形成结晶，高度结晶的PE分子很难与沥青组分发生较强的相互作用，从而导致PE极易从沥青相中析出，这极大程度地限制了PE在沥青中的应用。而密度是间接反应PE分子排列紧密程度的重要指标，因此，研究不同密度PE改性沥青的相容性对于解决PE改性沥青的储存稳定性问题具有重要的指导意义。

不同PE改性沥青在50℃时的Cole-Cole曲线如图5-14所示。

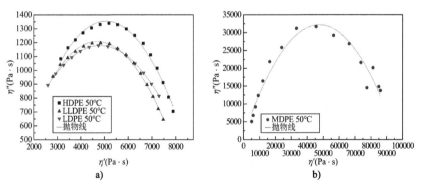

图5-14　不同PE改性沥青在50℃时的Cole-Cole曲线

从图5-14可以看出，不同PE改性沥青Cole-Cole曲线的对称性存在较大差异。曲线左边的半弧体现了沥青的弹性性质，η''从最大值点随η'的增加而下降代表从弹性性质向黏性性质的转变。HDPE、LLDPE和LDPE改性沥青的Cole-Cole曲线主要向右半部分集中，说明在该测试温度下，三者主要是黏性性质占主导。而MDPE改性沥青的Cole-Cole曲线主要集中在左半部分，表明在50℃时弹性性质明显。对比Cole-Cole曲线的对称性，MDPE的对称性最差，因而MDPE与沥青的相容性最差。而图5-14a）图中曲线对称性的好坏难以观察出来。

为定量区别Cole-Cole曲线的对称性，本节采用抛物线对曲线进行拟合，用方差来定量区别曲线的对称性，进而表征不同 PE 与沥青的相容性。抛物线拟合的方差见表 5-2。

不同 PE 改性沥青的拟合方差　　　　　表 5-2

PE 类型	HDPE	MDPE	LLDPE	LDPE
R^2	0.9895	0.9159	0.9966	0.9994

由拟合方差结果可知：LDPE 改性沥青 Cole-Col 曲线的对称性最好，说明 LDPE 与沥青的相容性最好；其次是 LLDPE、HDPE 和 MDPE。PE 的分子结构信息可以很好地解释相容性。LDPE 的密度最小，结晶度最低，并且 LDPE 分子为非线性的，含有大量的短支链和长支链，分子的规整性较差，分子间距大，分子柔顺性好，易于在沥青中分散，饱和分和芳香分容易渗入被分散的 LDPE 颗粒分子链段之间，LDPE 分子与沥青的相互作用最强，因而相容性最好。MDPE 和 HDPE 的密度较大，结晶度较高，分子排列紧密，分子间距小，分子硬度较大，柔顺性不好，难以在沥青中分散，分散的颗粒较大，沥青中的轻组分（饱和分和芳香分）不易进入 HDPE 分子之间，因而相容性不好。LLDPE 的为线性分子，没有长支链，短支链也较少，分子结晶度较低，与沥青组分的相互作用仅次于 LDPE，但要好于 HDPE 和 MDPE，因而 LLDPE 与沥青的相容性居中。

5.2.3　VA 含量对 EVA 改性沥青相容性的影响

不同 VA 含量的 EVA 改性沥青在 50℃时的 Cole-Cole 曲线如图 5-15 所示。

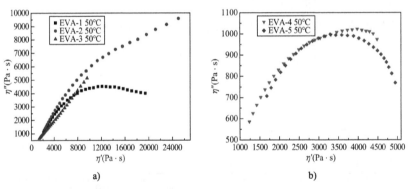

图 5-15　不同 VA 含量的 EVA 改性沥青在 50℃时的 Cole-Cole 曲线

由图 5-15a）可知，VA 含量较低的 EVA 改性沥青的 Cole-Cole 图呈现单调变化趋势，而没有呈现抛物线或半圆弧形。随着 VA 含量的增加，Cole-Cole 曲线逐渐趋于呈现抛物线形［图 5-15b）］，这表明随 VA 含量的增加，EVA 与沥青的相容性变好。本书第 4 章中不同 VA 含量下的 EVA 分子结构变化示意图对于相容性可以给出合理的解释：当 VA 含量较低时，乙烯段的分子排列有序紧密，结晶度较高，EVA 分子的整体结晶程度较高，沥青组分不易进入 EVA 分子间发生溶胀，沥青组分与 EVA 分子的相互作用不强；VA 含量的升高使得结晶度降低，EVA 更倾向于向类橡胶态无定型相态转变。大量醋酸侧基的存在严重打乱了 PE 分子排列的紧密有序性，使得 EVA 硬度降低，大幅提高了弹性和柔顺性，因而相互作用变强。因此,随着 VA 含量的增加,EVA 与沥青的相容性变好。

5.2.4 胶粉粒径对改性沥青相容性的影响

胶粉粒径对改性沥青相容性的影响如图 5-16 所示。

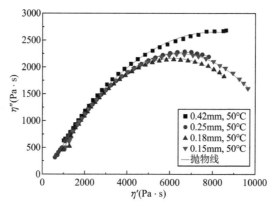

图 5-16　不同粒径胶粉改性沥青在 50℃时的 Cole-Cole 曲线

由图 5-16 可知,不同粒径胶粉改性沥青的 Cole-Cole 曲线形状差异较大。当胶粉粒径较大时,改性沥青的 Cole-Cole 曲线完全不是半圆弧形。随着粒径的减小,曲线的形状越来越趋于抛物线形,这表明胶粉粒径越小,与沥青的相容性越好。这与实际情况是相符的。随着胶粉粒径的减小,其比表面积增大,轻组分容易渗透进入小颗粒胶粉的空间网状结构中,更有利于胶粉与沥青组分的相互作用,因而相容性变好。

5.3　基于流变方法的改性沥青的储存稳定性研究

5.3.1　不同聚合物改性沥青的储存稳定性

聚合物改性沥青在高温静态条件下的储存稳定性问题是工程应用中最为关心的问题,因为当改性沥青生产完后需要一定的时间来转运或现场储存。聚合物加入沥青中会形成新的聚合物相,聚合物相在热力学上是不稳定的,最终会从体系中分离出来。实际上,聚合物的结构参数对相分离有着非常重要的影响。为了减缓或阻止相分离过程,对聚合物的分子结构参数进行了优化。高温储存后上下段样品的黏弹性参数是研究改性沥青稳定性非常有效的手段。因此,本部分通过测定上下段样品的黏弹性参数来表征改性沥青的储存稳定性,并且采用广义 Maxwell 模型拟合黏弹函数,以定量表征聚合物改性沥青的稳定性。

(1) SBS 改性沥青的储存稳定性

如前所述,采用离析试验来评价 SBS 改性沥青的储存稳定性。在 163℃烘箱竖直放置并恒温 48h 后,将离析管取出冷却到室温,并进一步均分为 3 段。中间的一段舍弃不用,而对上段和下段的样品进行频率扫描,测定高温储存后上下部样品的线性黏弹性的变化。

高温储存后 SBS 改性沥青上下段的储存模量和损失模量随频率的变化如图 5-17 所示。SBS-1、SBS-2 和 SBS-3 的嵌段比分别为 S/B = 20/80、S/B = 30/70 和 S/B = 40/60，除嵌段比不同外，三种 SBS 的其他结构组成均相同。由此可知，储存模量和损失模量均随频率的增加而增加，上段样品和下段样品的模量在低频区的差异较大，随频率的增加，这种差距变小。如前所述，储存模量G'比损失模量G''对改性沥青内部结构的变化更为敏感，用储存模量G'来比较不同 SBS 改性沥青储存后的变化更灵敏。

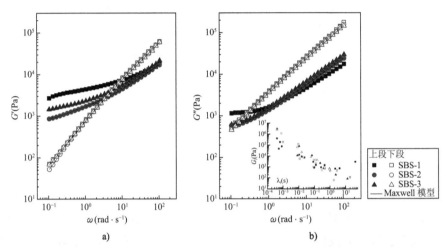

图 5-17 高温储存后 SBS 改性沥青上下段的储存模量和损失模量随频率的变化曲线

如图 5-17a）所示，不同 SBS 改性沥青下段样品的储存模量G'差距不大，而上段样品的G'差别很大。在低频区，上段样品的G'明显大于下段样品的，说明发生了离析现象。上下段样品在低频区的G'差距越大，则离析现象越明显。不同 S/B 结构的 SBS 改性沥青的离析程度是不相同的。SBS-1 上下段样品在低频区的G'差距最大，说明相分离现象最严重。当苯乙烯含量增加到 30wt%时（S/B = 30/70），SBS-2 上下段样品在低频区的G'的差别变小；但当苯乙烯含量增加到 40wt%时（S/B = 40/60），SBS-3 上下段样品在低频区的G'的差别又开始增大。这表明并不是 SBS 中苯乙烯的含量越大储存稳定性越好，而是存在最佳值（S/B = 30/70）。

SBS 改性沥青经高温储存后上下段样品的储存模量和损失模量随频率的变化可以用广义 Maxwell 模型来拟合，由图 5-17 可知，广义 Maxwell 模型对曲线的变化拟合效果非常好。由该模型得到的离散松弛时间谱如图 5-17b）右下角所示，由该离散松弛时间谱可以得到零剪切黏度（ZSV）。

不同 SBS 改性沥青热储存后上下段样品的 ZSV 见表 5-3。由表 5-3 可以看出，热储存后上段样品的 ZSV 远远大于下段的。这表明发生了严重的离析现象，SBS 迁移到了样品的上部，从而导致上段样品的 SBS 含量很高，因而上段的零剪切黏度很大。为定量表征嵌段比 S/B 不同的 SBS 改性沥青的储存稳定性，本节提出了稳定指数 SI（Stability Index），定义其为上下段零剪切黏度的比值，即 $SI = \eta_{0,top}/\eta_{0,bottom}$。SI 越接近 1，储存稳定性越好。由

表5-3可知，SBS-1的稳定性最差，SI高达21.6；SBS-2的稳定性最好，SI为4.95；上段样品的零剪切黏度接近下段的5倍，离析现象也很明显。横向比较来看，SBS-2（S/B = 30/70）储存稳定性最好，其次是SBS-3（S/B = 40/60）、SBS-1（S/B = 20/80）。

不同SBS改性沥青热储存后上下段样品的ZSV及稳定性指数　　表5-3

SBS样品编号	SBS-1	SBS-2	SBS-3
$\eta_{0,上部}$(Pa·s)	135186	28272	69327
$\eta_{0,下部}$(Pa·s)	6255	5706	6526
SI	21.6	4.95	10.6

（2）EVA改性沥青的储存稳定性

不同VA含量的EVA改性沥青高温（163℃）储存48h后上下段的模量随频率的变化曲线如图5-18所示。样品为EQ2、EQ3、EQ4、EQ5和EK2、EK3、EK4、EK5，与第4.2节样品一致，不同样品储存后不同位置的G'和G''差别较大，表明有明显的相分离。文献指出储存模量G'对材料结构和组成的变化更敏感。

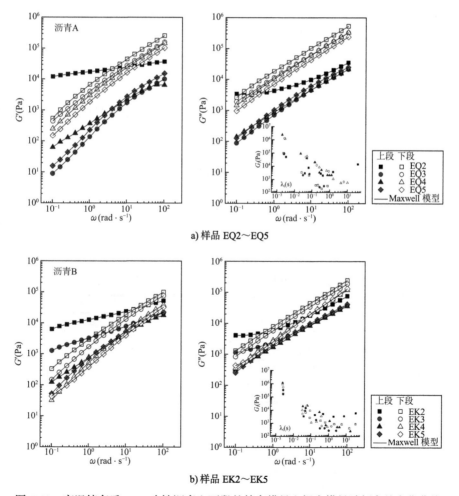

a) 样品EQ2～EQ5

b) 样品EK2～EK5

图5-18　高温储存后EVA改性沥青上下段的储存模量和损失模量随频率的变化曲线

由图 5-18 可知，低 VA 含量的上下部样品（EQ2、EK2、EK3）的模量曲线在高频区有交点。EQ2、EK2、EK3 的储存模量 G' 在低频区存在"平台区"。"平台区"的 G' 几乎不依赖于频率变化，且远远大于 G''。上部的 G' 大于下部的，表明 EVA 在储存过程中聚合物向上迁移。这种迁移是由于密度差和重力因素造成的。对高 VA 含量的样品（EQ3、EQ4、EQ5），底部样品的 G' 大于下部的，说明 VA 含量高的 EVA 相在高温储存过程中向上迁移。因此，随 VA 含量的增加，相分离出现了反方向迁移现象。上下段 G' 在低频区的差别随 VA 含量的增加而减小，这种差别越小，表明样品上下部的性质差别越小，储存稳定性越好。高 VA 含量的沥青 B 的稳定性好于沥青 A。

储存模量 G' 和损失模量 G'' 随频率的变化可以用广义 Maxwell 模型来描述：

$$G' = G_e + \sum_{i=1}^{N} G_i \frac{(\omega \lambda_i)^2}{1+(\omega \lambda_i)^2} \tag{5-1}$$

$$G'' = \sum_{i=1}^{N} G_i \frac{\omega \lambda_i}{1+(\omega \lambda_i)^2} \tag{5-2}$$

式中：G_i——松弛模量；

λ_i——松弛时间；

ω——频率；

N——常数；

G_e——弹性模量。

(G_i, λ_i) 就构成了离散松弛时间谱 [图 5-18a)、b) 嵌图]，零剪切黏度 η_0（ZSV）可以从离散松弛时间谱计算得到：

$$\eta_0 = \sum_{i=1}^{N} G_i \lambda_i \tag{5-3}$$

不同 EVA 改性沥青热储存后样品的 ZSV 见表 5-4。为定量表征不同 VA 含量样品的储存稳定性，本节定义了稳定性因子 SI，其为上下段零剪切黏度的比值，SI $= \eta_{0,\text{top}}/\eta_{0,\text{bottom}}$。SI 越接近 1，储存稳定性越好。

不同 EVA 改性沥青热储存后上下段样品的 ZSV 及稳定性指数　　　表 5-4

项目	VA 含量（wt%）				
	12	18	25	32	40
沥青 A					
$\eta_{0,\text{上部}}$（×10^{-3}Pa·s）	1380	569	3.19	6.28	0.868
$\eta_{0,\text{下部}}$（×10^{-3}Pa·s）	34.8	32.6	21.8	16.1	1.33
SI	39.6	17.4	0.15	0.39	0.65
沥青 B					
$\eta_{0,\text{上部}}$（×10^{-3}Pa·s）	345	251	45.7	4.71	3.42
$\eta_{0,\text{下部}}$（×10^{-3}Pa·s）	14.1	17.1	9.33	3.43	3.60
SI	24.5	14.6	4.90	1.37	0.95

由表 5-4 可看出，随 VA 含量增加，SI 值越接近 1。低 VA 含量的 SI 远远大于 1，而高

VA含量的SI小于1。说明储存过程中低VA含量的EVA相迁移到上部,而高VA含量的EVA迁移到下部。有意思的是沥青A的反向点出现在VA为25wt%而沥青B的为40wt%。

（3）胶粉改性沥青的储存稳定性

高温储存后不同粒径胶粉改性沥青上下段的储存模量和损失模量的差别如图5-19所示。两模量均随频率的增加而增加,上下部样品在低频区的模量差值较大,随频率的增加,这种差距变小。不同粒径上下段的样品的损失模量相近,且在中频区有交点。根据前面研究可知,储存模量G'比损失模量G''对相分离的监测更为敏感。因此,本节更注重用G'来讨论胶粉改性沥青的储存稳定性,若不同样品的G'差距较大,则表明有明显的相分离现象。如图5-19所示,下部样品的G'始终大于上部样品,胶粉粒径不同,则G'差距不同。例如胶粉粒径为0.42mm的改性沥青下部样品的G'最大,且其上部样品的G'最小,这表明0.42mm的改性沥青上下段性质差别最大,相分离最严重,储存稳定性最差。而胶粉粒径减小时,上下样品的G'的差值减小,说明储存稳定性变好。

储存模量G'比损失模量G''随频率的变化可用广义Maxwell模型进行描述,如图5-19所示。

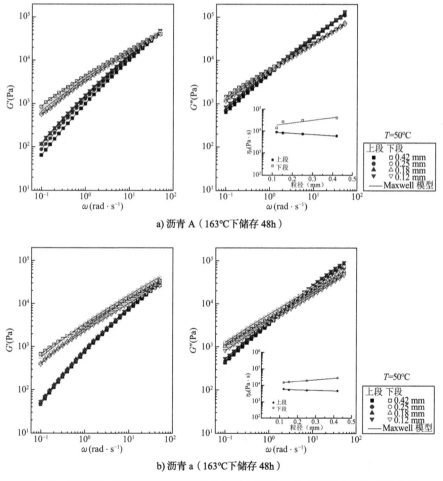

图5-19 高温储存后不同粒径胶粉改性沥青上下段的储存模量和损失模量曲线

由图 5-19 可知，广义 Maxwell 模型对所测样品的依频性拟合效果较好，由离散松弛谱得到的零剪切黏度如图 5-19a)、b) 嵌图所示。如前述相同，储存后样品的零剪切黏度随粒径的变化仍符合指数形式。底部样品的 η_0 始终大于顶部的，且两者的差值随胶粉粒径的增加而增大，这是由于胶粉在重力作用下向底部迁移造成。

胶粉改性沥青在高温下可以看作胶粉在低黏介质（沥青相）中的悬浮液。胶粉颗粒与沥青相的密度差距较大，在重力作用下，胶粉沉积在底部。可以合理地认为胶粉沉降的速度与其尺寸成比例关系。因此，粒径越大的胶粉沉降速度越快，稳定性越差。另外，在较高温度下，胶粉颗粒在沥青中的溶解性会变好，而沥青中含有约 50wt% 的芳香分和饱和分，使得胶粉充分溶胀。在这种相互作用下，小尺寸的颗粒聚并形成大颗粒。这就是 Ostwald 熟化理论。Ostwald 熟化改变了小液滴的化学势，因而有助于相分离的发生。

另一方面，不同粒径胶粉改性沥青的储存稳定性也与沥青的化学组成有关。对沥青 a 而言，虽然上下部样品的储存模量差值随粒径的减小而变小，但所有上部样品的储存模量几乎没有差别，零剪切黏度随粒径变化保持不变。这些流变学结果表明改性沥青 A 的储存稳定性好于沥青 a，可以合理推断：由低标号基质沥青制备的胶粉改性沥青的储存稳定性相对较好。

5.3.2 相容性判据对储存稳定性的预测

由第 5.2 节结果可知，对于不同 S/B 结构的 SBS 改性沥青，由 Cole-Cole 图判断出的不同 SBS 与沥青相容性相对好坏的顺序为 SBS-2（S/B = 30/70）> SBS-1（S/B = 20/80）> SBS-3（S/B = 40/60）。储存稳定性试验结果表明：SBS-2（S/B = 30/70）储存稳定性最好，其次是 SBS-3（S/B = 40/60）、SBS-1（S/B = 20/80）。由 Cole-Cole 图判断出的相容性相对最好的 SBS-2（S/B = 30/70）对应的储存稳定性也最好。对于不同 VA 含量的 EVA 改性沥青，根据 Cole-Cole 图可以判断出：随着 VA 含量的增加，EVA 与沥青的相容性变好。对于胶粉改性沥青，胶粉粒径越小，与沥青的相容性越好。以上结果表明 Cole-Cole 图判断出的相容性与实际储存稳定性结果存在很强的正相关关系，即相容性判据判断出的相容性越好，则改性沥青的储存稳定性越好。

该经验规则对于预测特定改性沥青的储存稳定性具有重要的指导作用，在优化储存稳定性能的过程中可以节省时间和物力。因为储存稳定性试验需要 48h 的高温储存，然后在冷冻室中存放 4h 后进行软化点测定，得到储存稳定性的结果总共约需 55～60h 的时间，该试验耗时费力。若要优化某改性沥青的储存稳定性指标，可以先对改性沥青样品进行频率扫描，绘制 Cole-Cole 图判断改性剂与沥青的相容性，因为相容性与实际储存稳定性结果存在很强的正相关关系，若 Cole-Cole 曲线的形状不满足抛物线形或十分不规则，则其相容性不好，储存稳定性一定较差；曲线形状越呈抛物线对称则储存稳定性越好。因此可以利用该经验规则从而对储存稳定性做出预测，省时省力。

5.4 本章小结

（1）通过流变学函数曲线研究改性沥青的相容性结果表明：曲线储存模量和损失模量频率谱、等时图及 Block diagrams 无法判断聚合物与沥青的相容性；主曲线和 Han 图可以判定聚合物改性沥青的相容性，但准确性和灵敏度不好。Cole-Cole 曲线的对称性与体系的相容性存在最直接的对应关系，曲线对称性好对应着改性沥青体系相容性好，并且准确性和灵敏度较好，没有发生误判的情况。

（2）采用 Cole-Cole 图研究不同结构聚合物改性沥青相容性的结果表明：苯乙烯含量为 20wt% 的 SBS 与沥青的相容性最好；其次是 30wt% 和 40wt% 的 SBS。高温下 Cole-Cole 曲线变得不规则不对称，相分离趋势变大。LDPE 改性沥青 Cole-Cole 曲线的对称性最好，说明 LDPE 与沥青的相容性最好，其次是 LLDPE、HDPE 和 MDPE。对于 EVA 改性沥青，随着 VA 含量的增加，Cole-Cole 曲线逐渐趋于呈现抛物线形，这表明 EVA 与沥青的相容性随 VA 含量的增加而变好。对于不同粒径的胶粉改性沥青，随着粒径的减小，曲线的形状越来越趋于抛物线形，胶粉粒径越小，与沥青的相容性越好。

（3）流变方法研究不同聚合物改性沥青的储存稳定性的结果表明：对于 SBS 改性沥青，S/B 为 20/80 的 SBS-1 上下段样品在低频区的 G' 差距最大，S/B = 30/70 的 SBS 样品最小，这表明 SBS 中苯乙烯的含量存在最佳值（S/B = 30/70）使得稳定性最好，同时稳定性指数定量说明 SBS-2（S/B = 30/70）储存稳定性最好，其次是 SBS-3（S/B = 40/60）、SBS-1（S/B = 20/80）。对于 EVA 改性沥青，上下段样品的 G' 在低频区的差别随 VA 含量的增加而减小，表明样品上下部的性质差异越小，储存稳定性越好，VA 为 40wt% 的储存稳定性最好。储存过程中低 VA 含量的 EVA 相迁移到上部，而高 VA 含量的 EVA 迁移到下部。对于不同粒径的胶粉改性沥青，热储存后底部样品的零剪切黏度始终大于上部样品的，且差值随粒径的增加而变大，这是因为胶粉颗粒在储存过程中发生沉降。另外，胶粉改性沥青的稳定性与沥青组成、溶胀和胶粉的降解有关。

（4）Cole-Cole 图判断出的相容性与实际储存稳定性结果存在很强的正相关关系，即相容性判据判断出的相容性越好，则改性沥青的储存稳定性越好。该经验规则对于预测和优化改性沥青的储存稳定性具有重要的指导作用。

第 6 章

相场方法在道路沥青中的研究进展

相场理论是近年来新兴的一种强大的数值模拟方法,用来模拟和预测材料(如共混聚合物、合金及聚合物溶液等)的介观相态形貌和微观结构变化。该方法通过一系列守恒的或不守恒的相场变量来描述微观结构的变化,这些场变量连续穿过相界面区域,即扩散相界面。将相场理论运用到道路沥青中可以更精确地研究道路沥青界面特性,本章主要阐述基于相场理论的沥青自愈合和相场理论在沥青断裂行为中应用的研究进展。

6.1 相场理论

6.1.1 相场理论概述

相场法是以 Ginzburg-Landau 理论为基础,用微分方程来体现扩散、有序化势和热力学驱动的综合作用,它是建立在 Ginzburg-Landau 唯象理论之上的一种近代方法。传统的对材料微结构演变的模拟一般采用突变界面模型,在数学上描述突变模型是复杂的,需要建立复杂的数学函数对界面位置进行定位。相比传统相态演变模型的局限性,本书中基于相场法的材料微观结构模拟采用扩散界面模型。扩散界面的两相处是连续均匀变化的,不必对界面位置进行追踪定位,只需通过相场变量值的变化对微观结构界面位置进行模拟,更精确地描述界面特性。相场变量变化情况如图 6-1 所示。

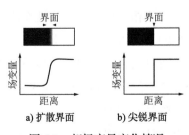

图 6-1 相场变量变化情况

在相场法中，采用结构、微观组分、取向等序参量对瞬时微观结构演化的模型进行描述。这些序参量在时间-空间坐标上是连续变化的函数，序参量在坐标中的演变过程中按局域质量是否守恒，可将序参量分为保守场和非保守场。保守场的总量在微观结构演变过程中保持不变，非保守场的总量在微观结构演变过程中是变化的。在相场法中，保守场和非保守场材料微观演变过程采用不同的偏微分演化方程。对保守场，如摩尔分数、摩尔浓度随时间、空间演化过程通常采用扩散方程进行描述；对非保守场，通常采用松弛方程对材料时间、空间演化过程进行描述。

6.1.2 相场变量

相场理论是近年来新兴的一种强大的数值模拟方法，用来模拟和预测材料（如共混聚合物、合金及聚合物溶液等）的介观相态形貌和微观结构变化。该方法通过一系列守恒的或不守恒的相场变量来描述微观结构的变化，这些场变量连续的穿过相界面区域，也就是扩散相界面。材料的微观结构变化是通过场变量的时间和空间变化来描述的，场变量的变化遵循一系列偏微分方程。微观结构的变化是朝总自由能减少的方向进行的，这些自由能包括体相自由能、界面自由能、弹性自由能、磁自由能等。也就是说在相场理论中，微观结构的变化是通过场变量朝自由能最小的方向进行描述的。场变量分为守恒变量和不守恒变量两类，守恒场变量应满足局部守恒条件。相场理论中，不均相体系的总自由能由一系列守恒的$(c_1, c_2, \cdots)$和不守恒的$(\eta_1, \eta_2, \cdots)$场变量来描述，公式如下所示：

$$F = \int \left[f(c_1, c_2, \cdots, c_n, \eta_1, \eta_2, \cdots, \eta_{p1}) + \sum_{i=1}^{n} \alpha_i (\nabla c_i)^2 + \sum_{i=1}^{3} \sum_{i=1}^{3} \sum_{k=1}^{p} \beta_{ij} \nabla_i \eta_k \nabla_j \eta_k \right] d^3r + \iint G(r - r') d^3r d^3r' \tag{6-1}$$

式中：f——局部自由能密度，它是场变量c_i和η_i的函数；

α_i和β_{ij}——梯度自由能系数；

∇——梯度算子；

G——长程自由能系数；

r、r'——位移场。

式(6-1)中，第一个体积积分代表局部短程化学相互作用对自由能的贡献，界面能量是由于界面上或界面附近的梯度能量不为零造成的；第二个积分项代表一种或多种非局部长程相互作用对总自由能的贡献，这些相互作用包括弹性作用、偶极作用等。不同相场模型间最主要的区别在于对总自由能的不同贡献的处理上。

相场模型属于现象学方法，所以需要将决定材料性质的现象学参数引入相场模型中，这些参数通过试验测量和理论计算的结果得到。为用相场模型模拟二元共混体系的相分离，相场变量采用局部组成变量，也就是典型的守恒相场变量。局部守恒场变量的变化是通过解Cahn-Hilliard方程得到的。也就是说微观结构的变化追踪探测是通过解Cahn-Hilliard方程的数值计算方法实现的。该方程如下所示：

$$\frac{\partial \varphi}{\partial t} = \nabla M(\varphi) \nabla \frac{\delta F}{\delta \varphi} \quad (6\text{-}2)$$

式中：φ——局部组成；

t——时间；

M——迁移系数；

F——体系的自由能。

不同的相场模型是由符合式(6-1)的不同表达式的自由能得到的。一般来说，体系的自由能是由局部自由能（其自由能密度为f_{loc}）、梯度能（其能量密度为f_{gr}）和长程自由能F_{lr}构成的，表达式如下所示：

$$F = \int_V (f_{\text{loc}} + f_{\text{gr}}) \mathrm{d}V + F_{\text{lr}} \quad (6\text{-}3)$$

式中：V——研究体系的体积。

局部自由能函数是相场模型中最重要的组成部分，它表示对总自由能的局部贡献。在大多数的相场模型（尤其是固体模型）中，通常用双势阱模型来表示局部自由能密度，表达式如下：

$$f(\varphi) = 4\Delta f \left(-\frac{1}{2}\varphi^2 + \frac{1}{4}\varphi^4\right) \quad (6\text{-}4)$$

在该表达式中，自由能分别在$\varphi = -1$和$\varphi = +1$处存在最小值。例如，在固体力学中，$\varphi = -1$和$\varphi = +1$分别代表固态和液态。Δf是两种最小自由能状态的势垒高度。如果φ表示守恒场变量，两个自由能的最小值代表的是两种不同组成的平衡状态。则Δf是均相状态（$\varphi = 0$）向两相状态（$\varphi = -1$和$\varphi = +1$）转变的驱动力。对某些体系来说，更希望自由能的最小值在$\varphi = 0$和$\varphi = 1$处取得，自由能密度表达式简化为$f(\varphi) = 4\Delta f \varphi^2 (1-\varphi)^2$。

多相体系微观结构的固有属性是存在界面，而由于界面上组成或结构变化产生的富余的自由能称为界面能。梯度自由能来源于界面上的短程相互作用。在相场模型中梯度自由能密度的一般表达式为：

$$f_{\text{gr}} = \frac{1}{2} \kappa |\nabla \varphi|^2 \quad (6\text{-}5)$$

式中：κ——梯度能量系数；

其他参数意义同前。

局部自由能和梯度能的和也可以分为体相自由能和界面自由能，如式(6-6)所示：

$$F = F_{\text{bulk}} + F_{\text{int}} = \int_V \left[f(\varphi) + \frac{1}{2} \kappa |\nabla \varphi|^2 \right] \mathrm{d}V \quad (6\text{-}6)$$

长程自由能F_{lr}是长程相互作用对非局部自由能的贡献，包括弹性自由能、静电自由能、磁自由能等。自由能具体的表达式则需要由具体研究对象的参数来确定。

6.2 基于相场理论的沥青自愈合研究

沥青路面在使用期间会受到车辆荷载或外界环境等因素反复作用的影响,导致路面发生疲劳损伤,并产生裂缝、松散等病害使沥青路用性能恶化。因此,如何延长沥青路面使用寿命并降低路面维护费用是众多学者所关注的焦点。研究表明,沥青具有一定的微裂缝自愈合性能,其自愈合性能与改性剂、损伤程度、自愈合温度和自愈合时间等因素密切相关。本节将通过沥青微观结构理论结合相场理论诠释沥青的自愈合。

6.2.1 沥青微观结构理论

沥青路面是我国普遍使用的路面结构之一,其各性能受众多学者关注。大量的宏观试验为沥青材料的使用提供了一定的理论依据,但宏观试验存在经验性和片面性,只有从沥青微观结构进行分析,才能更真实准确地反映沥青的使用性能。近年来,众多学者借助先进的试验设备对沥青的微观结构进行观测研究,如荧光显微镜、原子力显微镜、扫描电子显微镜等,其中较多利用原子力显微镜对沥青微观结构和有关机理进行研究。Loeber 等最先利用扫描电子显微镜和原子力显微镜观察沥青微观结构,并将观测到的沥青质的团聚相态命名为"蜂状结构";Pauli,Jager 等基于原子力显微镜技术发现了沥青中"蜂状结构"的存在;杨军等基于原子力显微镜观测和均方根粗糙度参数研究沥青种类、短期老化以及制样过程中冷却速率对沥青微观结构的影响。研究结果表明,不同沥青的蜂状结构尺寸、数量不尽相同,对短期老化的敏感性也不相同,而制样过程中冷却速率对蜂状结构的影响十分显著。沥青的化学成分较为复杂,在路用沥青组分分析法中常将沥青分为沥青质、胶质、饱和分和芳香分四组分。由表 6-1 可知,沥青中各类分子的摩尔质量、氢碳比、极性等,按饱和分、芳香分、胶质、沥青质的顺序递变。

沥青四组分的化学组成 表 6-1

组分	饱和分	芳香分	胶质	沥青质
形态	白色半透明液态	红色液态	黑色板状固体	黑色粉末状
密度（g/cm³）	0.9	1.0	1.07	1.15
质量百分比（%）	3.0~19.1	22.4~46.6	23.2~52.7	4.0~22.9
摩尔质量（g/mol）	600	800	1100	800~3500
溶度参数（$MPa^{-0.5}$）	15.0~17.0	17.0~18.5	18.5~20	17.6~21.7
氢碳比	2.00	—	1.38~1.69	1.15
碳元素百分比（%）	78.0~85.6	80~87.3	67.0~88.0	80.0~88.6
氢元素百分比（%）	12.0~14.4	9.0~13.0	9.0~12.0	7.1~10.0
氮元素百分比（%）	<0.1	0~4.0	0.2~1.7	0.3~4.0
氧元素百分比（%）	<0.1	2	0.3~2.0	1.0~2.7
硫元素百分比（%）	<0.1	0~4	0.4~5.0	3.0~9.3

6.2.2 相场理论在沥青自愈合中的应用

国内外学者利用原子力显微镜观察到沥青微观相分离现象,并认为沥青自愈合行为与其相分离现象密切相关。Hou 等结合原子力显微镜(AFM)技术,采用相场模型从热力学方法和力学方法两个方面模拟了沥青的自修复机理。在热力学方法中,自修复被认为是基于 Cahn-Hilliard 动力学的材料相重排过程。AFM 结果表明,由于相分离,微裂纹将在相界面附近的应力集中区形成并消失;在力学方法中,使用相场变量描述微观结构,该相场变量在完整的固体中假设为正,在现有的裂纹空隙中假设为负;Kringos 提出了一个多尺度的模型,从热力学的角度关注愈合现象。在该模型中,沥青材料的愈合通过 Cahn-Hilliard 相场模型在微观尺度上进行模拟。由此可以得出结论,沥青的自愈合行为是一个自发过程,沥青的自愈合行为与沥青的疲劳损伤同时发生。

6.3 相场理论在沥青断裂行为中的应用

沥青路面具有表面平整、强度高、行车舒适、噪声小等诸多优点,目前沥青路面在我国高等级公路被广泛应用。但由于沥青路面长时间受车辆荷载和外界环境的影响,极易产生各种形式的破坏,其中沥青断裂为沥青的主要破坏形式。由于裂纹的产生破坏了沥青路面的完整性,进而威胁沥青路面使用寿命和行车安全,对裂纹扩展的模拟是疲劳及损伤容限分析的重要内容。目前常用相场法模拟裂缝扩展,该方法可以灵活地处理多物理场作用下裂缝的萌生、演化、汇集和延伸。但由于相场法不能构建出清晰的裂纹断面,故该方法存在一些局限。例如,它很难模拟裂纹断面之间的接触及摩擦效应,也会使裂纹区域单元的局部刚度趋于 0 而导致求解困难。而扩展有限元方法采用单位分解的思路,将单元形函数空间加以丰富,从而在不要求有限元网格与内部边界吻合的前提下模拟大量的物理问题,解决大部分相场法在模拟裂纹断裂扩展中出现的问题。因此可将扩展有限元法应用到沥青断裂行为相场模型中。

6.3.1 扩展有限元法

扩展有限元法的基本思想源于单位分解有限元法,扩展有限元法作为一种研究裂纹扩展有效的数值分析手段,其在普通有限元单元中引入反映不连续问题的插值函数,将不连续场与网格的边界完全独立区分,使扩展有限元的模拟功能向解决不连续问题的方向发展,可以比较直观地计算间断面、裂纹、夹杂等问题。

扩展有限元法的位移函数如下所示:

$$u = \sum_{i=1}^{N} N_i(x)u_i + \sum_{i=1}^{N} N_i(x)H(x)a_i + \sum_{i=1}^{N} N_i(x)\sum_{a=1}^{4} F_a(x)b_{ia} \tag{6-7}$$

式中：$N_i(x)$、u_i——常规有限元的形函数和节点位移；

a_i——节点附加自由度，被裂纹尖端贯穿的单元；

$H(x)$——阶跃函数，在裂纹面上下两侧分别取 1 和 −1；

b_{ia}——节点附加自由度，裂纹尖端嵌入单元。

$F_a(x)$为裂尖渐近应力场附加函数，反映应力奇异性，其基函数构成如下所示：

$$F_a(x) = \sqrt{r}\left[\sin\frac{\theta}{2}, \cos\frac{\theta}{2}, \sin\theta\sin\frac{\theta}{2}, \sin\theta\cos\frac{\theta}{2}\right] \tag{6-8}$$

其中，(r, θ)为以裂纹尖端为原点的局部极坐标系坐标，如图 6-2 所示。

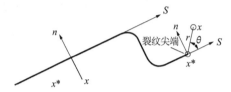

图 6-2　扩展有限元裂纹尖端局部坐标系

6.3.2　扩展有限元法在断裂力学相场模型中的应用

相场法在模拟裂纹扩展时将表达破损区域的相场方程与力学方程耦合，从而使得裂纹可以自然扩展，使得计算裂纹的前进方向和距离不再必要。但由于相场法无法构建出清晰的裂纹断面，故该方法存在一定的局限性。所以利用扩展有限元法结合断裂力学相场模型可规避这一问题，如张子瑜等提出了一种能够捕捉二维断裂力学问题相场等高线中线的算法。通过引入扩展有限元方法，使用相场等高线的中线切割网格，从而创建了清晰的裂纹界面；Rudy 等提出了一种基于相场方法的扩展有限元方法，用于模拟准静态裂纹的生长。这类方法在考虑裂纹大规模生长问题时特别有优势。裂缝状态只在高度局部区域发展时，这类方法特别有利。在断裂模型的背景下，它能够有效地解决微观结构裂缝在固定的扩展有限元网格上的传播问题。

6.4　本章小结

（1）本章采用了采用扩散界面模型对材料微观结构进行模拟，扩散界面的两相处是连续均匀变化的，不必对界面位置进行追踪定位，只需通过相场变量值的变化对微观结构界面位置进行模拟，更精确地描述界面特性。

（2）本章提出采用扩展有限元法对沥青断裂行为进行模拟，该方法可以将单元形函数空间加以丰富，从而在不要求有限元网格与内部边界吻合的前提下模拟大量的物理问题，解决大部分相场法在模拟裂纹断裂扩展中出现的问题。

第 7 章

基于相场理论的改性沥青微观结构演变、相分离和稳定性模拟研究

改性沥青在制备完成后需要一定的时间转运至施工现场或现场储存，若改性沥青储存不稳定，则聚合物相会从沥青相中析出，发生相分离现象（离析现象），因此储存稳定性是改性沥青在生产应用中的关键问题。传统表征储存稳定性的方法只是宏观相分离的表征，并且试验过程费时，无法获得相分离的原因，更重要的是无法追踪相分离的动态过程。因此，本章在相场理论分析基础上，对适用于聚合物改性沥青多相体系的相场模型进行建模，利用该模型模拟改性沥青扩散条件下的相分离过程，将模拟结果与试验结果进行比对。为更真实地模拟改性沥青热储存过程，本章进一步将 Navier-Stokes 方程和相场模型进行耦合，得到包含重力场因素的相场模型，利用该模型模拟了 SBS、PE 和 EVA 改性沥青热储存过程中的相态结构变化，进一步将模拟结果和试验结果进行对比，并深入分析聚合物结构（SBS 嵌段比、PE 密度等）对相分离过程的影响。

7.1 聚合物改性沥青多相体系相场模型的建模

相场理论中自由能具体的表达式需要根据具体研究体系的参数来确定。本节研究的对象是聚合物改性沥青多相体系，目的是用相场模型模拟聚合物改性沥青在储存温度下的相分离过程及储存稳定性，将模拟结果与试验结果进行比对，以建立追踪探测改性沥青相分离的模型方法。

7.1.1 用于聚合物改性沥青的相场模型修正

为了采用二维相场模型模拟聚合物改性沥青的相分离过程和预测其储存稳定性，首先建立扩散作用下的改性沥青的相场模型。为简便起见，扩散作用下的相场模型不考虑聚合物

与沥青的密度差,以及结晶和化学反应的影响。这些因素对实际相分离过程的影响将在后面进行进一步研究。因此,本小节在Cahn-Hilliard方程[式(6-2)]基础上提出了扩散条件下的相场模型。下文针对聚合物改性沥青多相体系,对Cahn-Hilliard方程中的参数进行讨论。

首先,确定迁移系数$M(\varphi)$。可通过两种途径获得:①试验测量扩散系数;②理论计算组成单元的原子迁移系数。由于对改性沥青迁移系数的测定或计算研究非常少,所以缺乏扩散系数相应的数据以及热力学信息,本节采用与试验结果对比的方法来确定$M(\varphi)$。

理论上,迁移系数是与双组分相互扩散系数有关的变量,如下所示:

$$M(\varphi) = \frac{V_m D(\varphi)}{\partial^2 f_m / \partial \varphi^2} \tag{7-1}$$

式中:V_m——相的摩尔体积;

f_m——体系的摩尔自由能;

$D(\varphi)$——与各单组分自扩散系数有关的变量;

φ——改性沥青体系中的局部聚合物分数。

其次,需要确定的变量是改性沥青体系的自由能。一般地,体系的自由能是由局部自由能(其自由能密度为f_{loc})、梯度能(其能量密度为f_{gr})和长程自由能F_{lr}构成的。改性沥青多相体系的自由能表达式应基于以下事实:沥青是由多种分子组成的复杂混合物,沥青的组成和组分结构对体系的自由能有很大的影响。考虑到本书研究的是恒定储存温度下(通常为163℃)聚合物改性沥青的相分离过程及储存稳定性,在此高温环境下,弹性能量(通常出现在固-固相转变中)和任何长程自由能都将不存在。因此,自由能的表达式中不包括长程自由能,所以,研究对象改性沥青多相体系的自由能的表达式为:

$$F = \int_V (f_{loc} + f_{gr}) dV \tag{7-2}$$

将聚合物改性沥青认为是准二元共混物,体系的局部自由能包括聚合物本身和沥青本身的自由能以及两组分混合时的自由能变化,如式(7-3)所示:

$$f_{loc} = f_0 + \Delta f_m \tag{7-3}$$

式中:f_0——各组分自身的自由能密度加和(聚合物和沥青);

Δf_m——沥青和聚合物共混时的自由能变化,在恒定温度下,组成一定的二元体系中各组分自身的自由能保持不变。

改性沥青的双势阱模型可以从经典的 Flory-Huggins 混合自由能理论得到。Flory-Huggins 理论最初是为了研究聚合物溶液与理想溶液的区别,并将聚合物长分子量的特性及聚合物与溶剂间的不对称相互作用考虑在内。该理论用晶格代表溶液,晶格中每个格子的体积相同,如图 7-1 所示。Flory-Huggins 理论假定每个溶剂分子占一个格子,每条聚合物分子链占几个相邻的格子[图 7-1a]。通过统计热力学计算,聚合物溶液的混合自由能密度如式(7-4)所示:

$$\Delta f_m = RT[c_1 \ln(\varphi_1) + c_2 \ln(\varphi_2) + c_1 \varphi_2 \chi] \tag{7-4}$$

式中:R——普适气体常数;

T——开尔文温度；

c_1——溶剂的摩尔浓度；

φ_1——溶剂局部摩尔体积；

c_2——聚合物的摩尔浓度；

φ_2——聚合物局部摩尔体积；

χ——聚合物和溶剂的相互作用参数。

中括号中，右边两项与混合熵有关，最后一项与混合热有关。相互作用参数χ表征了混合一个溶剂分子时的能量变化，因此代表了溶剂和聚合物间的相互作用程度，是与温度和局部组成有关的参数。而对二元聚合物混合体系来说，两种不同的聚合物分子链分别占据一系列相邻的晶格［图7-1b）]。统计热力学计算得到的聚合物共混体系的混合自由能密度如下式所示：

$$\Delta f_\mathrm{m} = RT\left[\frac{\varphi_1}{V_1}\ln(\varphi_1) + \frac{\varphi_2}{V_2}\ln(\varphi_2) + \frac{\varphi_1\varphi_2}{V_\mathrm{c}}\chi\right] \tag{7-5}$$

式中：φ_1、φ_2——两种聚合物的局部摩尔分数；

V_1、V_2——两种聚合物的局部摩尔体积；

V_c——晶格摩尔体积；

χ——两种聚合物间的相互作用参数。

式(7-5)中包含了假设的晶格体积V_c，可以在不影响自由能最小值的前提下消除V_c，如下式：

$$\Delta f_\mathrm{m} = RT\left[\frac{\varphi_1}{N_1}\ln(\varphi_1) + \frac{\varphi_2}{N_2}\ln(\varphi_2) + \varphi_1\varphi_2\chi\right] \tag{7-6}$$

式中：N_1、N_2——两聚合物链段数（占据的格子数），参数，表征了聚合物分子大小，与分子量和聚合程度成正比。

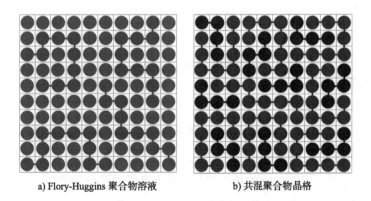

a) Flory-Huggins 聚合物溶液　　b) 共混聚合物晶格

图 7-1　Flory-Huggins 聚合物溶液和共混聚合物晶格

Flory-Huggins 理论是在假定条件下的近似理论。为了将 Flory-Huggins 理论应用于改性沥青体系，应相应地对改性沥青做出一些简化。首先将聚合物改性沥青体系视为准二元共混体系，其包括聚合物和沥青。为了将聚合物改性剂适用于晶格模型，聚合物分子链简化为直链分子（实际聚合物改性剂含有支链分子），并且认为分子链段数均相同。如前所述，沥青是由各种分子大小的碳氢化合物和杂原子化合物组成的非常复杂的混合物，各种分子的大小、极性和芳香度不尽相同。因为油源和加工过程不同，沥青准确的分子大小范围也是不尽相同。文献指出沥青分子中含 20～110 个碳原子。由于沥青性质的变异性，采用沥青平均分子模型代替是不合理的。所以改性沥青体系的晶格模型的构建既不同于聚合物溶液，也不同于二元聚合物共混体系。为了在晶格模型中构建沥青分子模型，需要对沥青分子进行简化。由于大小不同的沥青分子在晶格中的排列顺序会产生构象熵，聚合物分子的重排也会有相同的效应。因此不考虑分子在晶格中的重排。所以可以将沥青分子简化为较低链段的分子。简化的沥青分子链段具有相同的摩尔体积和摩尔质量。尽管假定的沥青分子与实际沥青分子有差别，SHRP 研究（SHRP-A-675）中仍指出若在沥青中应用 Flory-Huggins 理论时，将沥青分子假定为相同链段的分子是合理的。

另一方面，Flory-Huggins 理论没有考虑聚合物在沥青中的溶胀现象。当聚合物加入沥青中后，聚合物会吸收沥青中的部分轻馏分从而导致聚合物体积的胀大，也就是溶胀现象。沥青中的部分活性轻组分会迁移到聚合物分子之间从而使聚合物发生溶胀，但仅有非常少量的聚合物分子会迁移到沥青相中。所以，聚合物的溶胀程度取决于沥青中活性轻馏分的数量。当研究体系中沥青的组成一定时，聚合物的分子结构对溶胀产生非常关键的影响。为了将溶胀现象引入相场模型中，本节定义了一个新的参数——溶胀系数 s。研究表明，聚合物的溶胀比随聚合物在沥青中的比例增加而降低，在聚合物常用的掺量范围内，聚合物的溶胀比最高可达 9 倍。

聚合物改性沥青在非压缩条件下的混合自由能密度 Δf_{m} 可以表示为：

$$\Delta f_{\mathrm{m}} = RT\left[\frac{s\varphi}{N_{\mathrm{p}}}\ln(s\varphi) + \frac{1-s\varphi}{N_{\mathrm{b}}}\ln(1-s\varphi) + s\varphi(1-s\varphi)\chi\right] \tag{7-7}$$

式中：φ——改性沥青中聚合物的局部体积分数；

N_{p}——聚合物分子链段数；

N_{b}——假定沥青分子链的链段数；

s——溶胀系数；

χ——相互作用参数。

根据式(7-7)，只需要确定溶胀系数 s 和相互作用参数 χ 就可以得到体系的混合自由能。以下重点论述适用于改性沥青的相互作用参数 χ。

由以上讨论可知，式(7-7)中的相互作用参数 χ 表征了聚合物和沥青的相互作用程度，Perea，Emerson 等根据二元聚合物共混体系的 Hansen 溶解度参数提出了 χ 的计算方法：

$$\chi = \frac{V_{\mathrm{s}}}{RT}\left[(\delta_{\mathrm{D1}} - \delta_{\mathrm{D2}})^2 + \frac{(\delta_{\mathrm{P1}} - \delta_{\mathrm{P2}})^2}{4} + \frac{(\delta_{\mathrm{H1}} - \delta_{\mathrm{H2}})^2}{4}\right] \tag{7-8}$$

式中：V_{s}——Flory-Huggins 晶格中链段的摩尔体积；

δ_{D}、δ_{P}、δ_{H}——组分 1 和 2 的 Hansen 溶解度参数中的色散力、偶极力和氢键的组成分量。

$\chi < 2$ 时会形成单势肼自由能，而 $\chi > 2$ 符合双势肼模型，如图7-2所示。

当聚合物和沥青的 Hansen 溶解度参数差别较小时，χ 可以小于2，如图7-2中 $\chi = 1.8$ 的情况。此时混合自由能符合单势肼模型，任何浓度的聚合物都可以完全溶解在沥青相中，但这种情况在实际的改性沥青中不会出现。当聚合物和沥青的溶解度参数差别较大时（$\chi > 2$），自由能符合双势肼模型，此时曲线上有两个最小值点和两个拐点。双节线由不同温度下的最小值点确定，旋节线通过不同温度下的拐点确定。因此，双势肼曲线上两个拐点之间的区域表示体系是不稳定的，最小值点和拐点之间的部分是亚稳态，两个最小值点外侧部分是均相区。由图7-2可看出，当 χ 由2.2增加到3.0时，不稳定区扩大，均相区域变窄。然而，目前对沥青、聚合物溶解度参数的研究较少，并且从现有资料中查不到较为全面的数据，所以在本节中应用式(7-8)计算存在很大的难度。

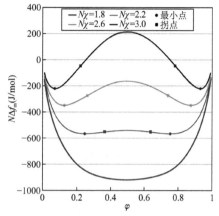

图7-2 相互作用参数对自由能的影响

7.1.2 模拟实施、边界条件和参数设定

在7.1.1节中针对聚合物改性沥青多相体系提出的相场模型如下所示：

$$\frac{\partial \varphi}{\partial t} = \nabla M(\varphi) \nabla \frac{\delta F}{\delta \varphi} \tag{7-9}$$

式中：$M(\varphi)$——迁移系数；

其余符号含义同前。

其中体系的总自由能如下：

$$\begin{aligned} F &= \int_V (f_{\text{loc}} + f_{\text{gr}}) \mathrm{d}V \\ &= \int_V \left\{ f_0 + RT \left[\frac{s\varphi}{N_{\text{p}}} \ln(s\varphi) + \frac{1-s\varphi}{N_{\text{b}}} \ln(1-s\varphi) + s\varphi(1-s\varphi)\chi \right] + \frac{1}{2}\kappa |\nabla \varphi|^2 \right\} \mathrm{d}V \end{aligned} \tag{7-10}$$

式中：f_{loc}——自由能密度；

$\quad\ f_{\text{gr}}$——能量密度；

$\quad\ s$——溶胀系数；

$\quad\ \chi$——相互作用参数；

$\quad\ \kappa$——梯度能量系数；

$\quad\ N_{\text{p}}$——聚合物分子链段数；

$\quad\ N_{\text{b}}$——沥青分子的链段数；

其余符号含义同前。

上述改性沥青多相体系的相场模型在多物理场仿真软件 COMSOL 上进行数值计算。在 1.414mm × 1.022mm 的方形网格上进行模拟，该网格与第5章改性沥青荧光图像的大小和尺度相近。边界条件为在方形网格四边上的接触角为 90°。局部组成的初始值由随机分布函数产生，标准偏差为 0.005。本章的试验研究部分，SBS 的掺量为体系的3wt%，而 PE 和 EVA 的掺加量为体系的5wt%。考虑到聚合物和沥青的密度差，SBS 改性沥青体系局部组成的平均值为 0.0323，PE 和 EVA 改性沥青体系的局部组成为 0.053。即在本模型中 SBS 的浓度组成为 3.23vol%，PE 和 EVA 为 5.3vol%，浓度偏差为 0.5%。

为进行数值模拟计算，需要确定模型中的迁移系数$M(\varphi)$、梯度能量系数κ、聚合物分子链段数N_p、沥青分子的链段数N_b、相互作用参数χ和溶胀系数s。如前所述，迁移系数$M(\varphi)$通过试验方法得到。由于采用式(7-8)计算χ存在较大困难，本节采用 Bristow-Waston 半经验公式来进行初步估算，如下式所示：

$$\chi \approx 0.35 + \frac{\tilde{V}}{RT}(\delta_p - \delta_b)^2 \tag{7-11}$$

式中：$\tilde{V}$——溶剂的摩尔体积；

δ_p、δ_b——聚合物和沥青溶解度参数；

其余符号含义同前。

通过 Bristow-Waston 半经验公式估算得到的 SBS 的相互作用参数范围为 2.3～4.1，PE 为 3.4～4.0，EVA 为 3.0～4.0。梯度能量系数κ是与界面张力和界面厚度有关的正数，因为界面的尺度很小，κ只能结合模型计算和试验的结果得到。由于缺乏有效的数据，本节$M(\varphi)$和κ的初始值是根据文献中的聚合物共混物和合金的迁移系数进行初步的估计。假定聚合物链段数与沥青的相同，即$N_p = N_b = N$。溶胀系数s可以从改性沥青文献中的聚合物溶胀比得到。参照文献的研究结果，本书的溶胀系数s取值范围为 5.0～9.0。

7.2 模拟结果和试验结果的比对及模型参数校正

7.2.1 SBS 改性沥青相态变化的试验和模拟结果

本章采用薄片法在荧光显微镜上研究了聚合物改性沥青在扩散条件下的热致相态变化。SBS-1、SBS-2 和 SBS-3 改性沥青的荧光显微图片如图 7-3 中每个分图的上排图所示。由图 7-3 可知，SBS 改性沥青的微观形态呈现两相共存状态，即 SBS 相和沥青相，SBS 相以圆形分散在沥青相中。在高温条件下 SBS 相随时间的延长而变大，但不同嵌段比的 SBS 相分离的速度和大小是不同的。对比不同的 SBS 改性沥青可知，SBS-2 改性沥青在相同时间下的聚合物相对稀疏且直径较小，这表明 SBS-2 的聚合物相析出速度较慢。而 SBS-1 和 SBS-3 在 60min 时的聚合物相多而密，表明此两者的析出速度均较快，但后者的直径相对较小。在 120min 和 180min 时，SBS-1 相的密度和直径均大于 SBS-3。因此，SBS-2 相的析出速度最慢，SBS-1 相和 SBS-3 相前期析出速度较快，但 SBS-3 相的后期长大速度较慢。

7.1 节中对适用于改性沥青的相场模型参数进行了预估算，但部分模型参数具体数值需要根据试验结果来确定。通过与试验结果比对值得到的模拟结果如图 7-3 中每个分图的下排图所示。

在图 7-3 的模拟图中，右侧色彩棒代表的是 SBS 的浓度，颜色越深代表浓度越大。由图 7-3 模拟结果可知，本章建立的适用于改性沥青的相场模型可以很好地模拟和追踪 SBS 相的微观形态随时间的变化。

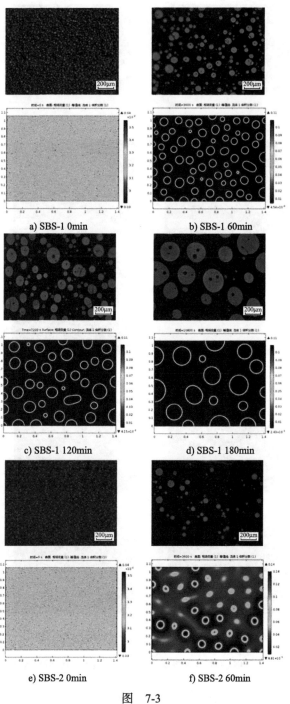

图　7-3

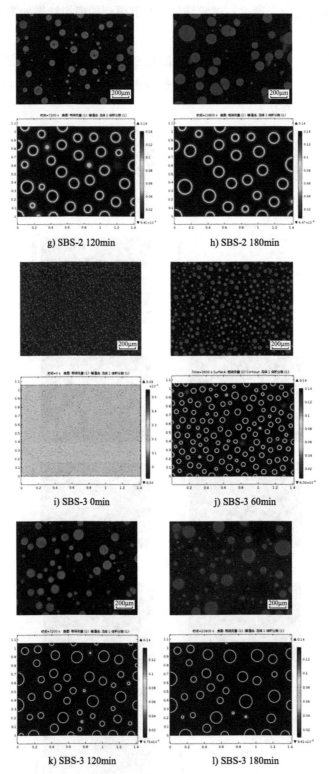

图 7-3 不同 SBS 改性沥青微观相态随时间变化的试验结果与模拟结果

根据试验结果修正的 SBS 改性沥青相场模型参数见表 7-1。

不同 SBS 改性沥青扩散条件下的相场模型参数　　　　表 7-1

参数	单位	共聚物		
		SBS-1	SBS-2	SBS-3
$M(\varphi)$	m⁵/(J·s)	2.44×10^{-17}	1.07×10^{-17}	1.46×10^{-17}
κ	J/m	9.0×10^{-5}	9.0×10^{-5}	1.5×10^{-5}
χ	—	3.8	3.5	3.1
s	—	9.0	6.9	6.9

由表 7-1 可知，SBS-2 改性沥青多相体系的迁移系数最小，SBS-1 最大；随 S/B 嵌段比的增加，相互作用参数降低，溶胀系数减小。相互作用参数 χ 越低，表明 SBS 与沥青的相互作用越强；溶胀系数越小，表明 SBS 在沥青中的溶胀效应越差，SBS 相的体积分数相对越小。这与试验结果是一致的。

为了定量表征模拟结果再现试验结果的准确性，本章对荧光显微图片和模拟图的聚合物粒径分布进行了统计。聚合物粒径分布试验结果和模拟结果的对比如图 7-4 所示。图 7-4 中列出了试验结果统计的误差范围，模拟结果的粒径分布为统计的平均值。在粒径较小的范围内与试验结果存在差距，但是在粒径较大的范围内，模拟结果与试验结果发生较好的重叠，这说明模拟结果追踪到了相分离的最大速度。实际上，在相分离过程中更关注的是大颗粒的长大和分布，若模拟图中较大颗粒的聚合物与试验结果保持一致，则认为模拟结果可以再现试验结果，而在粒径较大

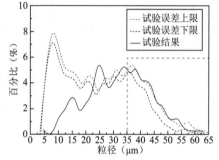

图 7-4　聚合物粒径分布试验结果和模拟结果的对比

的范围内，模拟结果与试验结果发生较好的重叠，表明模拟结果与试验结果保持一致。

7.2.2　PE 改性沥青相态变化的试验与模拟结果

不同 PE 改性沥青在高温下微观相态随时间的变化如图 7-5 中每个分图的上排图所示。

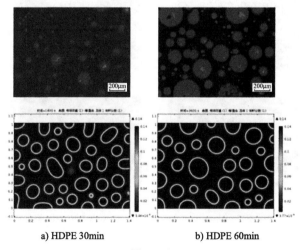

a) HDPE 30min　　　　b) HDPE 60min

图　7-5

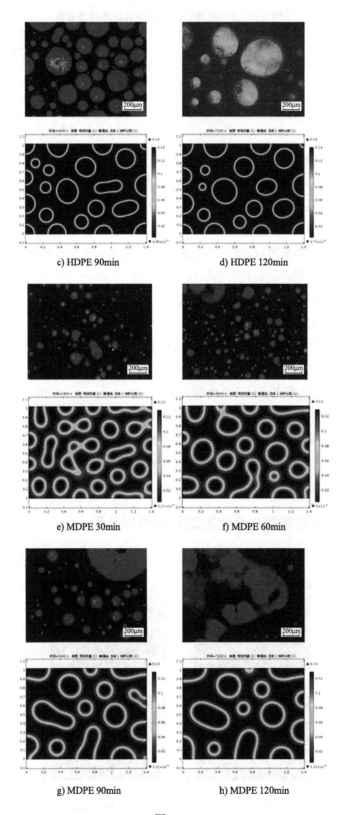

c) HDPE 90min d) HDPE 120min

e) MDPE 30min f) MDPE 60min

g) MDPE 90min h) MDPE 120min

图 7-5

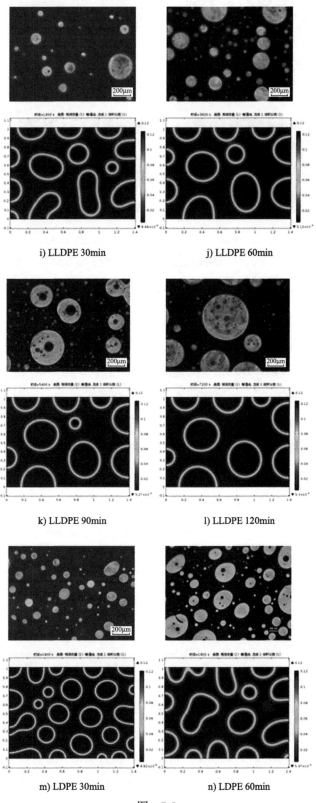

i) LLDPE 30min   j) LLDPE 60min

k) LLDPE 90min   l) LLDPE 120min

m) LDPE 30min   n) LDPE 60min

图 7-5

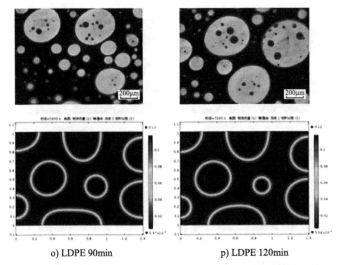

o) LDPE 90min   p) LDPE 120min

图 7-5 不同 PE 改性沥青微观相态随时间变化的试验结果与模拟结果

从图 7-5 可以看出，PE 相在高温下析出的速度很快，在第 30min 时 PE 相的尺寸比较大，LLDPE 和 LDPE 尤为明显。在相同时间时，PE 相比 SBS 相的析出速度大得多，且长大的速度也很快。不同密度的 PE 之间相比，MDPE 的相分离速度较慢，且 MDPE 相的尺寸相对较小。LLDPE 和 LDPE 的相分离速度比 HDPE 快，LLDPE 和 LDPE 相的荧光强度比 HDPE 和 MDPE 相强很多，表明前两者的溶胀效应较强。

通过与试验结果比对得到的模拟结果如图 7-5 中每个分图的下排图所示。由图 7-5 模拟结果可知，本章建立的适用于改性沥青的相场模型可以很好地模拟和追踪 PE 相的微观形态随时间的变化。

根据试验结果修正的 PE 改性沥青相场模型参数见表 7-2。

不同 PE 改性沥青扩散条件下的相场模型参数　　　　　　表 7-2

参数	单位	HDPE	MDPE	LLDPE	LDPE
$M(\varphi)$	$m^5/(J \cdot s)$	3.10×10^{-17}	2.92×10^{-17}	7.75×10^{-17}	9.68×10^{-17}
κ	J/m	9.0×10^{-5}	3.0×10^{-4}	2.2×10^{-4}	2.5×10^{-4}
χ	—	3.9	3.5	3.5	3.4
s	—	7.0	7.5	7.8	8.2

由表 7-2 可知，MDPE 改性沥青多相体系的迁移系数最小，说明该体系聚合物相的迁移能力最弱，而 HDPE、LLDPE 和 LDPE 的迁移系数依次增大。HDPE、MDPE、LLDPE 和 LDPE 的相互作用参数 χ 依次降低，相互作用参数 χ 越小说明聚合物和沥青之间的相互作用越强，溶胀系数 s 由小到大的顺序为 HDPE、MDPE、LLDPE 和 LDPE，表明溶胀聚合物的溶胀效应依次增强。这些参数的变化与前述讨论是一致的。HDPE 密度最大，

结晶度最高,分子排列最为紧密,分子间距小,分子硬度较大,柔顺性不好,HDPE 很难在沥青中分散,分散的颗粒较大,且沥青中的轻组分(饱和分和芳香分)不易进入 HDPE 分子之间,也就是 HDPE 颗粒在沥青中不易发生溶胀,沥青组分与 HDPE 的相互作用不强,而 LDPE 密度最小,结晶度最低,短支链的分子含量较多,分子排列最不规整,分子间距大,分子柔顺性好,易于在沥青中分散,因而饱和分和芳香分容易渗入被分散的 LDPE 颗粒分子链段之间,LDPE 分子的溶胀程度最好。另一方面,MDPE 的密度、结晶度及熔化温度介于 HDPE 和 LDPE 之间,MDPE 分子既具有较高的强度,也具有一定的柔顺性,因而相对于 HDPE 较易被分散到沥青中,MDPE 的溶胀程度较好。而对于 LLDPE,其密度、结晶度均大于 LDPE,且 LLDPE 的短支链分子较少,因此相互作用和溶胀效应均弱于 LDPE。

7.2.3 EVA 改性沥青相态变化的试验与模拟结果

VA 含量不同的 EVA 改性沥青在高温下微观相态随时间的变化如图 7-6 中 a)～j) 分图的上排图所示。从图 7-6 可以看出,当 VA 含量较低时,EVA 相在第 30min 时的密度和尺寸均较大,EVA 相在第 120min 时的尺寸非常大,说明较低 VA 含量的 EVA 相的析出速度和长大速度均较快。随 VA 含量的增加,EVA 相在相同时间下的尺寸有变小的趋势,说明相分离的速度变小。

通过与试验结果比对得到的模拟结果如图 7-6 中 a)～j) 分图的下排图所示。由图 7-6 模拟结果可知,本章建立的适用于改性沥青的相场模型可以很好地模拟和追踪 EVA 相的微观形态随时间的变化。

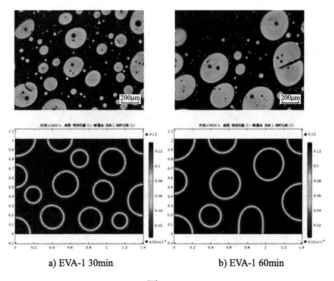

a) EVA-1 30min   b) EVA-1 60min

图 7-6

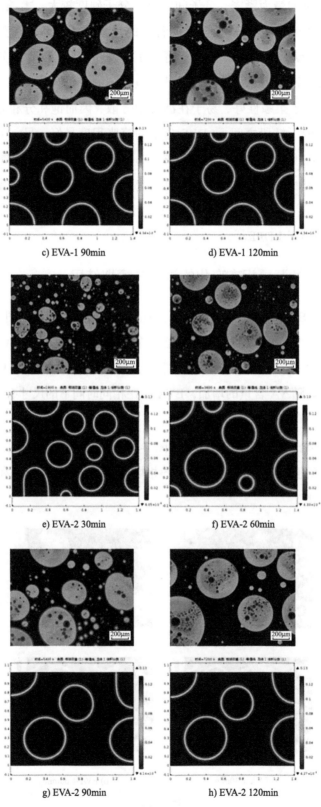

图 7-6

第 7 章 基于相场理论的改性沥青微观结构演变、相分离和稳定性模拟研究

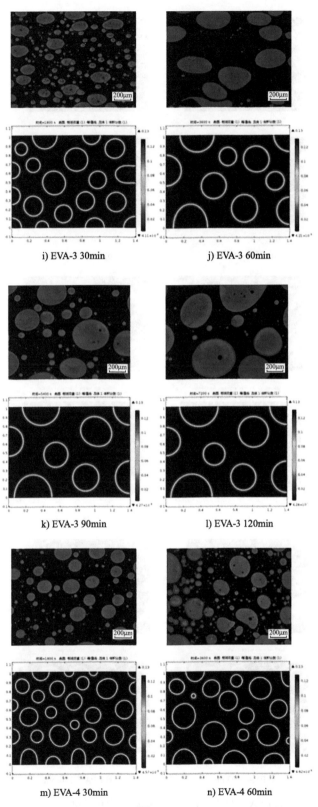

i) EVA-3 30min　　　　　　j) EVA-3 60min

k) EVA-3 90min　　　　　　l) EVA-3 120min

m) EVA-4 30min　　　　　　n) EVA-4 60min

图 7-6

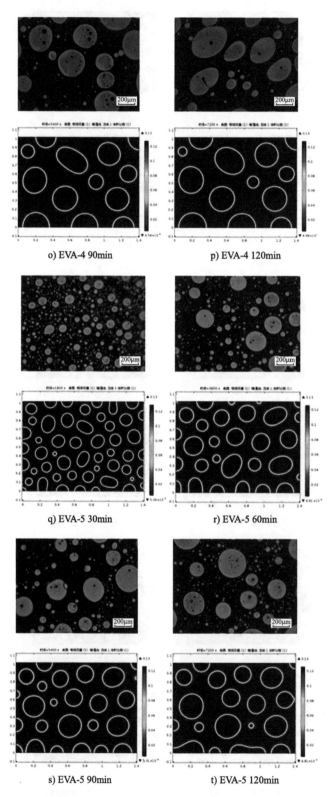

图 7-6 不同 EVA 改性沥青微观相态随时间变化的试验结果与模拟结果

根据试验结果修正的 EVA 改性沥青相场模型参数见表 7-3。

VA 含量不同的 EVA 改性沥青扩散条件下的相场模型参数　　　表 7-3

参数	单位	EVA-1	EVA-2	EVA-3	EVA-4	EVA-5
VA 含量	wt%	12	18	25	32	40
$M(\varphi)$	$m^5/(J \cdot s)$	21.2×10^{-17}	24.1×10^{-17}	19.3×10^{-17}	7.72×10^{-17}	3.38×10^{-17}
κ	J/m	1.6×10^{-4}	1.8×10^{-4}	1.2×10^{-4}	0.7×10^{-4}	0.7×10^{-4}
χ	—	3.7	3.7	3.7	3.6	3.5
s	—	7.4	7.4	7.4	7.6	7.7

由表 7-3 可知，随 EVA 分子中 VA 含量的增加，改性沥青体系的迁移系数呈现变小的趋势。相互作用参数 χ 呈降低的趋势，而溶胀系数 s 呈增加的趋势，这表明随 VA 含量的增加，EVA 与沥青的相互作用变强，EVA 在沥青中的溶胀效应更明显。EVA 是乙烯与醋酸乙烯通过无规共聚方式得到的。乙烯段是结晶性的且是非极性的，而含 VA 段的分子是极性的且是非结晶性的。当 VA 含量较低时，乙烯段的分子排列有序紧密，结晶度较高，EVA 分子的整体结晶程度较高。高度结晶的乙烯段使得 EVA 硬度和强度较大，不易与沥青组分发生相互作用，溶胀效应不显著。当 VA 含量较高时，EVA 在沥青中微观上有均匀分散的倾向，因为大量 VA 的存在使得结晶度降低，更倾向于向类橡胶态无定型相态转变。大量醋酸侧基的存在严重打乱了 PE 分子排列的紧密有序性，使得 EVA 硬度减少，但其弹性和柔顺性大幅提高。因而 EVA 与沥青的相互作用变强，EVA 在沥青中的溶胀效应更明显。

7.3 基于耦合 Navier-Stokes 方程相场理论的改性沥青储存稳定性研究

在上述 7.2 节的研究中，聚合物改性沥青的相场模型只是模拟了扩散条件下的相分离过程，并没有考虑其他物理场的影响。而在实际热储存过程中，重力场对相分离过程的影响十分关键。最初分散较细的聚合物相逐渐聚结变大后，重力对相分离起到了加速作用。因此为更真实地模拟改性沥青热储存过程中的相态变化，本节进一步将 Navier-Stokes 方程和相场模型进行耦合，得到耦合重力场的相场模型。

7.3.1 耦合 Navier-Stokes 方程的相场模型

为了模拟改性沥青在储存温度下由重力作用引起的相分离现象，本节在扩散相场模型基础上耦合了 Navier-Stokes 方程。因为研究的储存温度是固定的，所以本构方程只包括质量守恒和动量守恒，而能量不守恒。在不可压缩条件下，以向量表示的 Navier-Stokes 连续性方程为：

$$\nabla \cdot \boldsymbol{u} = 0 \tag{7-12}$$

式中：$\boldsymbol{u}$——速度矢量，本节在垂直方向的二维尺度上模拟改性沥青的储存稳定性，因此速度矢量是二维的，即 $\boldsymbol{u}=(u,v)$；

∇——梯度算子。

速度矢量表示的动量方程为：

$$\rho\frac{\partial \boldsymbol{u}}{\partial t}+\rho(\boldsymbol{u}\cdot\nabla)\boldsymbol{u}=-\nabla\rho+\mu\nabla^2\boldsymbol{u}+\boldsymbol{F} \tag{7-13}$$

式中：ρ——密度；

∇^2——拉普拉斯算子；

$\boldsymbol{F}$——力的矢量形式，矢量形式的力代表重力、界面张力或其他形式的力。本节只考虑重力因素；

其他符号含义同前。

不可压缩条件下的 Navier-Stokes 方程是基于如下假设而提出来的，耦合 Navier-Stokes 方程的相场模型也是基于这些假设而建立的。①假设储存温度下的聚合物改性沥青是牛顿流体。很多研究证实，改性沥青在较高温度下属于牛顿流体。所以，这一假设是合理的。②假设在储存时改性沥青在重力作用下的流动形式符合层流。因为改性沥青的组分在储存过程中处于静止状态且体系的黏度较高，所以该假设也是可信的。

要将两相流引入相场模型中，需要将 Navier-Stokes 方程和扩散相场模型耦合。引入速度矢量后，完整形式的 Cahn-Hilliard 方程为：

$$\frac{\partial \varphi}{\partial t}+\nabla \boldsymbol{u}\varphi=\nabla M(\varphi)\nabla\frac{\delta F}{\delta \varphi} \tag{7-14}$$

在式(7-14)中，密度和动力黏度与相的局部组成和各组分的性质有关。在不可压缩条件下，本节假定密度对组成的依赖性是线性的，如下所示：

$$\rho(\varphi)=\rho_P\varphi+\rho_B(1-\varphi) \tag{7-15}$$

式中：ρ_P——聚合物改性剂的密度；

ρ_B——沥青的密度。

体系的动力黏度用 Kendall-Monroe 经验方程来估算：

$$\sqrt[3]{\mu(\varphi)}=\sqrt[3]{\mu_P}\varphi+\sqrt[3]{\mu_B}(1-\varphi) \tag{7-16}$$

式中：μ_P——聚合物改性剂的动力黏度；

μ_B——沥青的动力黏度。

重力场的矢量可以表示为：

$$\boldsymbol{F}(\varphi)=\rho(\varphi)\boldsymbol{g} \tag{7-17}$$

式中：$\boldsymbol{g}$——重力加速度的矢量形式。

7.3.2 模拟执行、边界条件和参数设定

用耦合 Navier-Stokes 方程的相场模型在多物理场仿真软件 COMSOL 上进行模拟，方

形网格的尺寸为 1.4mm × 5.6mm，网格是在垂直方向上的二维平面图，网格的宽度与前面改性沥青荧光图像的宽度一致，高度与宽度的比例与离析管中高度和直径的比例相同，以更真实地模拟改性沥青在离析管中的相分离情况。而且本节将模拟图像均分成顶部、中部和底部三部分，以便与实际储存稳定性试验得到的荧光图像对比。速度矢量(u,v)在网格四个边上的值为零，上边界的压力为零。局部组成的初始值由随机分布函数产生，标准偏差为 0.005。在初始模拟过程中，改性沥青是静止的，即 $u = v = 0$。

为进行数值模拟计算，需要确定模型中的迁移系数$M(\varphi)$、梯度能量系数κ、聚合物分子链段数N_p、沥青分子的链段数N_b、相互作用参数χ、溶胀系数s、密度（ρ_P和ρ_B）及动力黏度（μ_P和μ_B）。对于N_p和N_b，认为聚合物链段数与沥青的相同，所以$N_p = N_b = N$。$M(\varphi)$、κ、χ和s通过 7.2 节中的模拟结果与试验结果得到，ρ_P、ρ_B、μ_P、μ_B由试验测得。SBS、PE和 EVA 改性沥青体系的耦合 Navier-Stokes 方程的相场模型参数见表 7-4～表 7-6。

SBS 改性沥青的耦合 Navier-Stokes 方程的相场模型参数　　　　表 7-4

项目	单位	共聚物		
		SBS-1	SBS-2	SBS-3
$M(\varphi)$	m⁵/(J·s)	2.44×10^{-17}	1.07×10^{-17}	1.46×10^{-17}
κ	J/m	9.0×10^{-5}	9.0×10^{-5}	1.5×10^{-5}
χ	—	3.8	3.5	3.1
s	—	9.0	6.9	6.9
ρ_P	kg/m	845	860	875
ρ_B	kg/m	938	938	938
μ_P	Pa·s	2200	2200	2200
μ_B	Pa·s	9.4×10^{-2}	9.4×10^{-2}	9.4×10^{-2}

不同 PE 改性沥青的耦合 Navier-Stokes 方程的相场模型参数　　　　表 7-5

项目	单位	HDPE	MDPE	LLDPE	LDPE
$M(\varphi)$	m⁵/(J·s)	3.10×10^{-17}	2.92×10^{-17}	7.75×10^{-17}	9.68×10^{-17}
κ	J/m	9.0×10^{-5}	3.0×10^{-4}	2.2×10^{-4}	2.5×10^{-4}
χ	—	3.9	3.5	3.5	3.4
s	—	7.0	7.5	7.8	8.2
ρ_P	kg/m	795	788	765	755
ρ_B	kg/m	938	938	938	938
μ_P	Pa·s	1440	1300	6050	725
μ_B	Pa·s	9.4×10^{-2}	9.4×10^{-2}	9.4×10^{-2}	9.4×10^{-2}

不同 EVA 改性沥青的耦合 Navier-Stokes 方程的相场模型参数　　　　表 7-6

项目	单位	EVA-1	EVA-2	EVA-3	EVA-4	EVA-5
VA 含量	wt%	12	18	25	32	40
$M(\varphi)$	m⁵/(J·s)	21.2×10^{-17}	24.1×10^{-17}	19.3×10^{-17}	7.72×10^{-17}	3.38×10^{-17}

续上表

项目	单位	EVA-1	EVA-2	EVA-3	EVA-4	EVA-5
κ	J/m	1.6×10^{-4}	1.8×10^{-4}	1.2×10^{-4}	0.7×10^{-4}	0.7×10^{-4}
χ	—	3.7	3.7	3.7	3.6	3.5
s	—	7.4	7.4	7.4	7.6	7.7
ρ_P	kg/m	774	782	786	791	808
ρ_B	kg/m	938	938	938	938	938
μ_P	Pa·s	1394	1196	968	733	475
μ_B	Pa·s	9.4×10^{-2}	9.4×10^{-2}	9.4×10^{-2}	9.4×10^{-2}	9.4×10^{-2}

7.3.3　SBS 改性沥青热储存相分离过程模拟及与试验结果的对比

用耦合 Navier-Stokes 方程的相场模型模拟 SBS 改性沥青在离析管储存过程中相分离过程的结果如图 7-7 和图 7-8 所示。同时，对不同 S/B 结构的 SBS 改性沥青进行热储存试验，储存时间分别为 2h、4h、6h 等，然后取离析管上下端样品测定其荧光显微图像，储存不同时间的样品的荧光图像也列在图 7-7、图 7-8 中，为了便于与离析管模拟结果比较，储存不同时间离析管上下端样品的荧光图像分别置于模拟图的上下部，并且模拟结果和试验结果在尺度上是一致的。

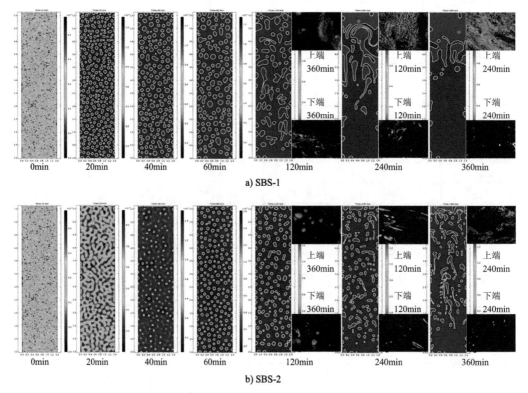

图 7-7　嵌段比 S/B = 20/80（SBS-1）和 S/B = 30/70（SBS-2）的 SBS 改性沥青相分离过程的模拟与试验结果

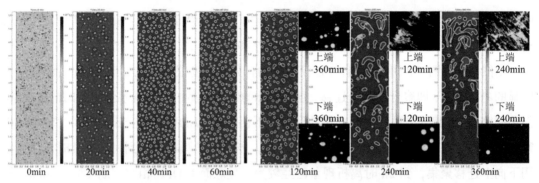

图 7-8　嵌段比 S/B = 40/60（SBS-3）的 SBS 改性沥青相分离过程的模拟与试验结果

由图 7-7 和图 7-8 可以清地看到 SBS 改性沥青在热储存过程中聚合物和沥青发生相分离的全部过程。分离机制可以分为长大、聚结和重力诱导的迁移三个过程。在热储存的初始阶段，SBS 以圆形颗粒作为分散相悬浮在沥青相中，在热、扩散作用和布朗运动等作用下，SBS 相逐渐变大，体系相态朝总自由能变小的方向发展，尺寸变大后的 SBS 相之间进一步发生聚并凝结，形成尺寸更大的聚合物相，聚结后的聚合物相和沥青相之间的密度差、黏度差等进一步变大，在重力作用下，SBS 向离析管顶部迁移，最终发生明显的离析。另外，在相分离的初期，也就是在聚合物相长大过程中，Ostwald 熟化效应加速了聚合物长大的速度。这是因为在较高温度下，SBS 颗粒在沥青中的溶解性会变好，而沥青中含有约 50wt% 的芳香分和饱和分可以使聚合物充分溶胀。在溶胀作用下，小尺寸的 SBS 颗粒聚并形成大颗粒。这就是 Ostwald 熟化理论。Ostwald 熟化改变了较小的 SBS 相的化学势，因而有助于相分离的发生。

对比嵌段比不同的 SBS 改性沥青相分离过程的模拟结果可以发现，嵌段比为 S/B = 20/80（SBS-1）的 SBS 改性沥青相分离速度最快，在热储存 6h 后聚合物与沥青基本分离完全；在热储存的初始阶段（20min、40min 和 60min），SBS 相的长大速度最快，在 20min 时 SBS 相的尺寸就已经变得很大。而 S/B = 30/70（SBS-2）和 S/B = 40/60（SBS-3）在初始阶段的长大速度均比 SBS-1 慢，尤其是 SBS-2 最慢。但是，在后期聚结和迁移过程中 SBS-3 的分离速度大于 SBS-2。因此，相分离由快到慢的顺序为 SBS-1（S/B = 20/80）、SBS-3（S/B = 40/60）、SBS-2（S/B = 30/70）。非常值得提到的是，这个顺序与第 3 章中的储存稳定性研究结果是一致的。这说明模拟结果是非常可信的，与试验结果一致。对比储存时间分别为 2h、4h 和 6h 的离析管上下端样品的荧光显微图像可以看出，模拟结果十分接近试验结果，再一次表明耦合 Navier-Stokes 方程的相场模型可以很好地模拟 SBS 改性沥青储存相分离过程。

7.3.4　PE 改性沥青热储存相分离过程模拟及与试验结果的对比

用耦合 Navier-Stokes 方程的相场模型模拟不同密度的 PE 改性沥青在离析管储存过程

中相分离过程的结果如图 7-7 和图 7-8 所示。同时，为了验证模拟结果，储存时间为 2h 的离析管上下段样品的荧光显微图像也列在图 7-7 和图 7-8 中。

由图 7-7 和图 7-8 可以看出，PE 沥青中的相分离速度很快，在热储存 2h 时就发生了明显的离析现象，即聚合物向上迁移，且在实际的储存样品的上层观察到明显的结皮现象。但不同密度 PE 相分离过程聚合物相的形态是不相同的。HDPE 相在 5min 时尺寸较小但很密集，随着时间的延长，小颗粒逐渐聚并变大，当 HDPE 颗粒增大到一定尺寸时在浮力作用下向上迁移聚集，到 2h 时离析现象已经较为明显。而 MDPE 相在前期（5~10min）析出速度较慢，聚合物相不明显，到 20min 时聚合物相较为明显，但此时聚合物相的尺寸已经较大，随后聚合物相逐渐长大、聚并、迁移。MDPE 与 HDPE 相比，前者前期相分离速度较慢，但后期分离速度比 HDPE 快，到 2h 时的相分离程度比 HDPE 高。LLDPE 和 LDPE 的相分离速度均大于 HDPE 和 MDPE，前两者在 5min 时聚合物相的尺寸很大，且有明显的聚并现象，随后的迁移速度也很快，到 2h 时两者的聚合物与沥青基本分离开来。LDPE 的分离速度比 LLDPE 更快。所以，PE 的密度对相分离的速度影响非常大，图 7-9 和图 7-10 表明 HDPE 分离最慢，而 LDPE 最快，这说明 PE 的密度越高、与沥青的密度越接近越有利于降低密度差，进而降低相分离速度。有研究表明，将 PE 与炭黑或其他聚合物混炼后制备的改性沥青的储存稳定性明显变好。

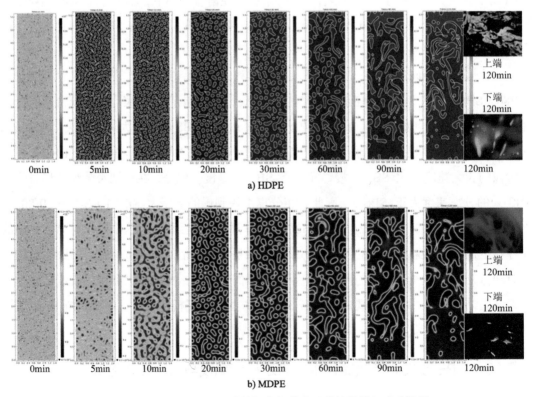

图 7-9　HDPE 和 MDPE 改性沥青相分离过程的模拟与试验结果

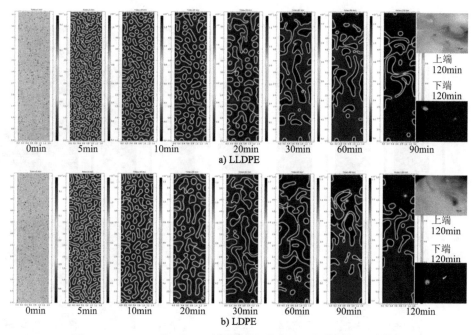

图 7-10 LLDPE 和 LDPE 改性沥青相分离过程的模拟与试验结果

7.3.5 EVA 改性沥青热储存相分离过程模拟及与试验结果的对比

用耦合 Navier-Stokes 方程的相场模型模拟不同 VA 含量的 EVA 改性沥青在离析管储存过程中相分离过程的结果如图 7-11~图 7-13 所示。同时,为了验证模拟结果,储存时间为 2h 的离析管上下端样品的荧光显微图像也列在图 7-11~图 7-13 中。

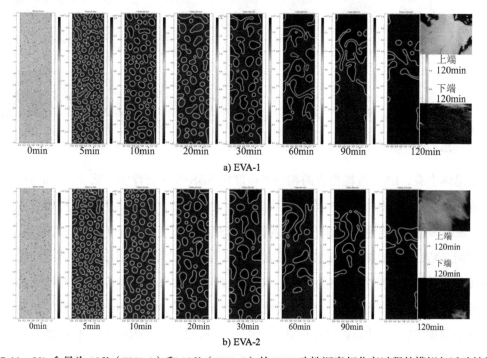

图 7-11 VA 含量为 12%(EVA-1)和 18%(EVA-2)的 EVA 改性沥青相分离过程的模拟与试验结果

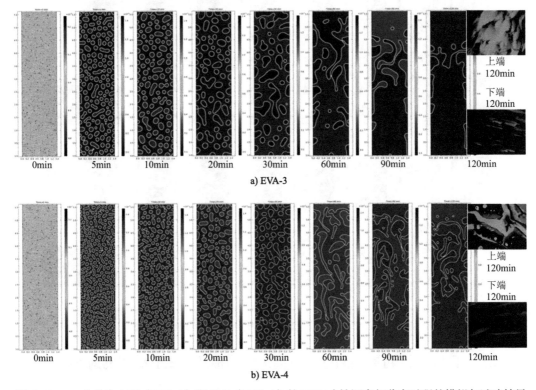

图 7-12 VA 含量为 25%（EVA-3）和 32%（EVA-4）的 EVA 改性沥青相分离过程的模拟与试验结果

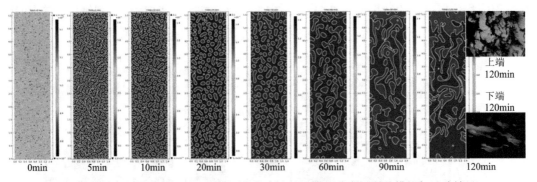

图 7-13 VA 含量为 40%（EVA-5）的 EVA 改性沥青相分离过程的模拟与试验结果

从总体上看，EVA 改性沥青的相分离速度比 SBS 改性沥青快，低 VA 含量的 EVA 改性沥青在不到 2h 便基本分离完全。随着 VA 含量的增加，EVA 改性沥青的相分离速度变慢，这是因为随 VA 含量的增加，EVA 与沥青的相互作用变强，聚合物相长大的速度变慢，另一方面，VA 含量增加导致 EVA 的黏度和密度与沥青的差距变小，重力诱导的聚合物迁移速度也变慢，因而整个分离过程变慢。对比储存时间为 2h 的离析管上下端样品的荧光显微图像可以看出，模拟结果十分接近试验结果，表明耦合 Navier-Stokes 方程的相场模型可以很好地模拟 EVA 改性沥青储存相分离过程。另外，由第 3 章中的储存稳定性研究结果可知，储存稳定性随 VA 含量的增加而变好，模拟结果与试验结果是一致的。

7.4 本章小结

（1）本章建立的用于改性沥青的相场模型可以很好地模拟和追踪 SBS、PE 和 EVA 改性沥青在热条件下的微观相态随时间的变化，模拟结果很好地再现了试验结果。扩散相场模型参数表明，嵌段比 S/B = 30/70 的 SBS 迁移系数最小，随 S/B 嵌段比的增加，相互作用参数降低，溶胀系数增大；PE 改性沥青扩散条件下的相分离速度比 SBS 快很多，随 PE（HDPE、MDPE、LLDPE 和 LDPE）密度的降低，相互作用参数依次降低，而溶胀系数依次增大，说明 PE 密度越小，与沥青的相互作用越强，溶胀效应也越强；随 EVA 分子中 VA 含量的增加，改性沥青体系的迁移系数和相互作用参数呈现变小的趋势，而溶胀系数 s 呈增加的趋势。相场模型参数的变化与试验结果推断是一致的。

（2）耦合 Navier-Stokes 方程的相场模型可以较真实地模拟改性沥青实际热储存过程中的相态变化，模拟结果清晰地展示了改性沥青在热储存过程中聚合物和沥青发生相分离的全部过程。分离机制分为长大、聚结和重力诱导的迁移三个过程。对比嵌段比不同的 SBS 改性沥青相分离过程的模拟结果可知，相分离由快到慢的顺序为 SBS-1（S/B = 20/80）、SBS-3（S/B = 40/60）、SBS-2（S/B = 30/70）。这与第 3 章中的储存稳定性研究结果是一致的，同时模拟结果十分接近荧光显微图像。PE 的相分离速度比 SBS 快很多，热储存 2h 便发生明显的离析，PE 的密度对相分离的速度影响非常大，HDPE 分离最慢，而 LDPE 最快，这说明 PE 的密度越高、与沥青的密度越接近越有利于降低密度差，进而降低相分离速度。随着 VA 含量的增加，EVA 改性沥青的相分离速度变慢，这与储存稳定性结果是一致的。

参 考 文 献

[1] XU M, YI J, FENG D, et al. Analysis of adhesive characteristics of asphalt based on atomic force microscopy and molecular dynamics simulation[J]. ACS Applied Materials & Interfaces, 2016, 8(19): 12393-12403.

[2] BEHZADFAR E, HATZIKIRIAKOS S G. Rheology of bitumen: effects of temperature, pressure, CO_2 concentration and shear rate[J]. Fuel, 2014, 116: 578-587.

[3] LIU G, NIELSEN E, KOMACKA J, et al. Influence of soft bitumens on the chemical and rheological properties of reclaimed polymer-modified binders from the "old" surface-layer asphalt[J]. Construction and Building Materials, 2015, 79: 129-135.

[4] FILIPPELLI L, GENTILE L, ROSSI C O, et al. Structural change of bitumen in the recycling process by using rheology and NMR[J]. Industrial & Engineering Chemistry Research, 2012, 51(50): 16346-16353.

[5] ZHANG Q, FAN W, WANG T, et al. The influence of emulsifier type on conventional properties, thermal behavior, and microstructure of styrene-butadiene-styrene polymer modified bitumen[J]. Petroleum Science and Technology, 2014, 32(10): 1184-1190.

[6] LU X, SOENEN H, REDELIUS P. SBS Modified Bitumens: Does their morphology and storage stability influence asphalt mix performance[C]//The 11th ISAP International Conference on Asphalt Pavements. 2010: 1-6.

[7] 黄卫东, 李立军. SBS 改性沥青的混合原理与过程[J]. 同济大学学报, 2002, 30(2): 189-192.

[8] 孙大权, 吕伟民. 苯乙烯丁二烯嵌段共聚物改性沥青热储存稳定性[J]. 同济大学学报, 2002, 30(9): 1064-1067.

[9] 王涛, 才洪美, 张玉贞. SBS 改性沥青机理研究[J]. 石油沥青, 2008, 22(6): 10-14.

[10] 李双福, 林青, 董声雄. SBS 改性沥青机理研究进展[J]. 高分子通报, 2008, 5: 14-19.

[11] LEE W F, CHEN C Y. Graft copolymerization of 3-(trimethoxysilyl)propyl methacrylate onto styrene-butadiene-styrene triblock copolymer[J]. Journal of Elastomers & Plastics, 2015, 47(2): 103-116.

[12] PÉREZ-LEPE A, MARTINEZ-BOZA F J, ATTANÉ P, et al. Destabilization mechanism of polyethylene-modified bitumen[J]. JAppl Polym Sci, 2006, 100(01): 260-267.

[13] POLACCO G, BERLINCIONI S, BIONDI D, et al. Asphalt modification with different polyethylene-basedpolymers[J]J. Eur Polym J, 2005, 41(12): 2831-2844.

[14] JEW P, SHIMIZU J A, SVAZIC M, et al. Polyethylene-modified bitumen for paving applications[J]. Journal of Applied Polymer science, 1986, 31(08): 2685-2704.

[15] MAHABIR P, MAYAJIT M. Utilization of reclaimed polyethylene in bituminous paving mixes[J]. Journal of Materials in Civil Engineering, 2002, 14(06): 527-530.

[16] FUENTES-AUDEN C, ANDRES SANDOVAL J, JEREZ A, et al. Evaluation of thermal and mechanical properties of recycled polyethylene modified bitumen[J]. Polymer Testing, 2008, 27(08): 1005-1012.

[17] 田健君, 杜群乐, 李文清, 等. 关于高密度聚乙烯改性沥青的几个问题[J]. 上海公路, 2011, 4: 57-61.

[18] KARAHRODI M H, JAZANI O M, PARAN S M R, et al. Modification of thermal and rheological characteristics of bitumen by waste PET/GTR blends[J]. Construction and Building Materials, 2017, 134: 157-166.

[19] FANG C, QIAO X, YU R, et al. Influence of modification process parameters on the properties of crumb rubber/EVA modified asphalt[J]. Journal of Applied Polymer Science, 2016, 133(27): 25-33.

[20] 李胜杰. 蒙脱土丁苯橡胶复合改性乳化沥青的制备及性能研究[D]. 北京: 北京化工大学, 2016.

[21] QUAN LV, WEIDONG HUANG, FEIPENG XIAO. Laboratory evaluation of self-healing properties of various modified asphalt[J]. Construction and Building Materials, 2017, 136: 192-201.

[22] 陈梦, 张涛. 废胶粉改性沥青用于道路工程的研究进展[J]. 山西交通科技, 2016(02): 45-49.

[23] ROSSI C O, SPADAFORA A, TELTAYEV B, et al. Polymer modified bitumen: rheological properties and structural characterization[J]. Colloids and Surfaces A: Physicochemical and Engineering Aspects, 2015, 480: 390-397.

[24] ASTM STANDARD D113-99. Standard test method for ductility of bituminous materials[R]. ASTM International, West Conshohocken, PA, 2002.

[25] ASTM STANDARD D4402. Standard test method for viscosity determination of asphalt at elevated temperatures using a rotational viscometer[R]. ASTM International, West Conshohocken, PA, 2002.

[26] ASTM STANDARD D70-03. Standard test method for density of semi-solid bituminous ma-terials(pycnometer method)[R]. ASTM International, West Conshohocken, PA, 2002.

[27] 交通部公路科学研究所. 公路沥青路面施工技术规范: JTG F40—2004[S]. 北京: 人民交通出版社, 2005.

[28] XIAO F, AMIRKHANIAN S, WANG H, et al. Rheological property investigations for polymer and polyphosphoric acid modified asphalt binders at high temperatures[J]. Construction and Building Materials, 2014, 64: 316-323.

[29] VON OBERMAYER A. Ein beitrag zur kenntniss der zähflüssigen körper[J]. Sitzungsberichte Akad Wissenschaften Wien 1877, 75: 65-78.

[30] TROUTON F T. On the coefficient of viscous traction and its relation to that of viscosity[J]. Proceedings of the Royal Society of London, 1906, 77: 426-440.

[31] VAN DER POEL C. A general system describing the visco-elastic properties of bitumens and its relation to routine test data[J]. Journal of Chemical Technology and Biotechnology, 1954, 4(5): 221-236.

[32] GARBER N J, HOEL L A. Traffic and highway engineering[M]. Cengage Learning, 2014.

[33] AASHTO M320. Standard Specification for Performance Graded Asphalt Binder[S]. Washington DC: American Association of State Highway and Transportation Officials; 2004.

[34] AASHTO T315. Determining the rheological properties of asphalt binder using a dynamic shear rheometer(DSR)[S]. Washington(D. C.): American Association of State Highway and Transportation

Officials; 2004.

[35] AASHTO T313. Determining the flexural creep stiffness of asphalt binder using the bending beam rheometer(BBR). Washington(D. C.): American Association of State Highway and Transportation Officials; 2004.

[36] SHENOY A. Refinement of the superpave specification parameter for performance grading of asphalt[J]. Journal of Transportation Engineering, 2001, 127(5): 357-362.

[37] BEHNOOD A, SHAH A, MCDANIEL R S, et al. High-temperature properties of asphalt binders: Comparison of multiple stress creep recovery and performance grading systems[J]. Transportation Research Record: Journal of the Transportation Research Board, 2016(2574): 131-143.

[38] MAZUREK G, IWAŃSKI M. Estimation of zero shear viscosity versus rutting resistance parameters of asphalt concrete[J]. Procedia Engineering, 2016, 161: 30-35.

[39] VARGAS M A, VARGAS M A, SÁNCHEZ-SÓLIS A, et al. Asphalt/polyethylene blends: Rheological properties, microstructure and viscosity modeling[J]. Construction and Building Materials, 2013, 45: 243-250.

[40] 彭博, 凌天清, 葛豪. 纳米粒子改性橡胶沥青抗老化性能研究[J]. 材料导报, 2022, 36(20): 269-276.

[41] TUR RASOOL R, WANG S, ZHANG Y, et al. Improving the aging resistance of SBS modified asphalt with the addition of highly reclaimed rubber[J]. Construction and Building Materials, 2017, 145: 126-134.

[42] MOGHADDAM T B, SOLTANI M, KARIM M R, et al. Optimization of asphalt and modifier contents for polyethylene terephthalate modified asphalt mixtures using response surface methodology[J]. Measurement, 2015, 74: 159-169.

[43] MÜLLER A J, RODRIGUEZ Y. Use of rheological compatibility criteria to study SBS modified asphalts[J]. Journal of Applied Polymer Science, 2003, 90(7): 1772-1782.

[44] WANG T, YI T, YUZHEN Z. The compatibility of SBS-modified asphalt[J]. Petroleum Science and Technology, 2010, 28(7): 764-772.

[45] LI X K, CHEN G S, DUAN M W, et al. Branched hydroxyl modification of SBS using Thiol-Ene reaction and its subsequent application in modified asphalt[J]. Industrial & Engineering Chemistry Research, 2017, 56(37): 10354-10365.

[46] KOU C, KANG A, ZHANG W. Methods to prepare polymer modified bitumen samples for morphological observation[J]. Construction and building materials, 2015, 81: 93-100.

[47] SCHAUR A, UNTERBERGER S, LACKNER R. Impact of molecular structure of SBS on thermomechanical properties of polymer modified bitumen[J]. European Polymer Journal, 2017, 96: 256-265.

[48] POLACCO G, FILIPPI S. Vulcanization accelerators as alternative to elemental sulfur to produce storage stable SBS modified asphalts[J]. Construction and Building Materials, 2014, 58: 94-100.

[49] YIN W, YE F, LU H. Establishment and experimental verification of stability evaluation model for SBS modified asphalt: based on quantitative analysis of microstructure[J]. Construction and Building Materials, 2017, 131: 291-302.

[50] ALHAMALI D I, WU J, LIU Q, et al. Physical and rheological characteristics of polymer modified bitumen with nanosilica particles[J]. Arabian Journal for Science and Engineering, 2016, 41(4):

1521-1530.

[51] GOLESTANI B, NEJAD F M, GALOOYAK S S. Performance evaluation of linear and nonlinear nanocomposite modified asphalts[J]. Construction and Building Materials, 2012, 35: 197-203.

[52] KHADIVAR A, KAVUSSI A. Rheological characteristics of SBR and NR polymer modified bitumen emulsions at average pavement temperatures[J]. Construction and Building Materials, 2013, 47: 1099-1105.

[53] 沈金安. 改性沥青和SMA路面[M]. 北京: 人民交通出版社, 1999.

[54] PRESTI D L. Recycled tyre rubber modified bitumens for road asphalt mixtures: a literature review[J]. Construction and Building Materials, 2013, 49: 863-881.

[55] 姚鸿儒, 周帅, 王仕峰, 等. 胶粉稳定苯乙烯-丁二烯-苯乙烯三嵌段共聚物改性沥青的结构与性能[J]. 合成橡胶工业, 2015, 38(6): 461-465.

[56] FORMELA K, SULKOWSKI M, SAEB M R, et al. Assessment of microstructure, physical and thermal properties of bitumen modified with LDPE/GTR/elastomer ternary blends[J]. Construction and Building Materials, 2016, 106: 160-167.

[57] RAMIREZ CARDONA D A, POUGET S, DI BENEDETTO H, et al. Viscoelastic behaviour characterization of a gap-graded asphalt mixture with SBS polymer modified bitumen[J]. Materials Research, 2015, 18(2): 373-381.

[58] BRÛLÉ B. Polymer-modified asphalt cements used in the road construction industry: basic principles[J]. Transportation Research Record: Journal of the Transportation Research Board, 1996, 1535: 48-53.

[59] XU L Q, ZHAO Y Q, CHEN R Y, et al. Ethylene methyl acrylate copolymer toughened poly(lactic acid)blends: phase morphologies, mechanical and rheological Properties[J]. International Polymer Processing, 2016, 31(3): 301-308.

[60] HAN C D, BAEK D M, KIM J K, et al. Effect of volume fraction on the order-disorder transition in low molecular weight polystyrene-block-polyisoprene copolymers. 1. Order-disorder transition temperature determined by rheological measurements[J]. Macromolecules, 1995, 28(14): 5043-5062.

[61] ZHU J, LU X, KRINGOS N. Experimental investigation on storage stability and phase separation behaviour of polymer-modified bitumen[J]. International Journal of Pavement Engineering, 2016: 1-10.

[62] ANDERSON D A, CHRISTENSEN D W, BAHIA H U, et al. Binder characterization and evaluation, vol. 3: physical characterization[R]. SHRP-A-369; 1994.

[63] SILVA LSD, FORTE MMDC, VIGNOL LDA, et al. Study of rheological properties of pure and polymer-modified Brazilian asphalt binders[J]. J Mater Sci 2004, 39: 539-546.

[64] STASTNA J, ZANZOTTO L, BERTI J. How good are some rheological models of dynamic material functions of asphalt[J]. J Assoc Asphalt Paving Technol 1997, 66: 458-479.

[65] AIREY G D. Rheological characteristics of polymer modified and aged bitumens[D]. PhD thesis, University of Nottingham, 1997.

[66] READ J, WHITEOAK D. The shell bitumen handbook[M]. 5th ed. London: Thomas Telford Publishing, 2003.

[67] DOBSON G R. The dynamic mechanical properties of bitumen[J]. Proc Assoc Asphalt Paving

Technol, 1969, 38: 123-35.

[68] BONNAURE F, GEST G, GRAVOIS A, et al. A new method of predicting the stiffness of asphalt paving mixtures[J]. Proc Assoc Asphalt Paving Technol 1977, 46: 64-104.

[69] HEUKELOM W. Observations on the rheology and fracture of bitumens and asphalt mixes[J]. Proc Assoc Asphalt Paving Technol, 1966, 36: 359-397.

[70] HEUKOLEM W, KLOMP J G. Road design and dynamic loading[J]. Proc Assoc Asphalt Paving Technol, 1964, 33: 92-125.

[71] ROBERTS F L, KANDHAL P S, BROWN E R, et al. Hot mix asphalt materials mixture design and construction[R]. 2nd ed. Maryland: NAPA Education Foundation, 1996.

[72] MACCARRONE S. Rheological properties of weathered asphalts extracted from sprayed seals nearing distress conditions[J]. Proc Assoc Asphalt Paving Technol, 1987, 56: 654-687.

[73] STASTNA J, ZANZOTTO L, HO K. Fractional complex modulus manifest in asphalt[J]. Rheol Acta, 1994, 33: 344-54.

[74] MARASTEANU O, ANDERSON D A. Improved model for bitumen rheological characterization [R]. Eurobitume workshop on performance related properties for bitumens binder. Luxembourg. Paper no. 133, 1999.

[75] BONAQUIST R, CHRISTENSEN D W. Practical procedure for developing dynamic modulus master curves for pavement structural design[J]. Transport Res Rec, 2005, 1929: 208-217.

[76] CHAILLEUX E, RAMOND G, DE-ROCHE C. A mathematical-based master curve construction method applied to complex modulus of bituminous materials[J]. Road Mater Pavement, 2006, 7: 75-92.

[77] BOOIJ HC, THOONE GPJM. Generalization of Kramers-Kronig transforms and some approximations of relations between viscoelastic quantities[J]. Rheol Acta, 1982, 21: 15-24.

[78] BARI J, WITCZAK M W. New predictive models for viscosity and complex shear modulus of asphalt binders: for use with mechanistic-empirical pavement design guide[J]. Transport Res Rec, 2007, 2001: 9-19.

[79] MONISMITH C L, ALEXANDER R L, SECOR K E. Rheological behaviour of asphalt concrete[J]. Proc Assoc Asphalt Paving Technol, 1966, 35: 400-450.

[80] TRAN N H, HALL K D. Evaluating the predictive equation in determining dynamic moduli of typical asphalt mixtures used in Arkansas[J]. J Assoc Asphalt Paving Technol, 2005: 74E.

[81] BLAB R, KAPPL K, LACKNER R, et al. Sustainable and advance materials for road infrastructure(SAMARIS)report. Permanent deformation of bituminous bound materials in flexible pavements: evaluation of test methods and prediction models SAM-05-D28, 2006.

[82] PRONK A C. The variable dashpot[M]. DWW-2003-030, RHED, 2003.

[83] OLARD F, DI BENEDETTO H. The "DBN" Model: a thermo-visco-elasto plastic approach for pavement behavior modeling[J]. J Assoc Asphalt Paving Technol, 2005, 74: 791-828.

[84] DI BENEDETTO H, OLARD F, SAUZEAT C, et al. Linear viscoelastic behaviour of bituminous materials: from binders to mixes[J]. Road Mater Pavement, 2004, 5: 163-202.

[85] PELLINEN T K, ZOFKA A, MARASTEANU M, et al. The use of asphalt mixture stiffness predictive models[J]. J Assoc Asphalt Paving Technol, 2007, 7: 575-626.

[86] DELAPORTE B, DI BENEDETTO H, CHAVEROT P, et al. Linear viscoelastic properties of

bituminous materials; from binders to mastics[J]. J Assoc Asphalt Paving Technol, 2007, 76: 455-494.

[87] XIA T, ZHOU L, LAN S, et al. SBS modified bitumen in the presence of hydrophilic or hydrophobic silica nanoparticles[J]. Construction and Building Materials, 2017, 153: 957-964.

[88] LIANG M, XIN X, FAN W, et al. Investigation of the rheological properties and storage stability of CR/SBS modified asphalt[J]. Construction and Building Materials, 2015, 74: 235-240.

[89] MARTÍNEZ-ESTRADA A, CHÁVEZ-CASTELLANOS A E, HERRERA-ALONSO M, et al. Comparative study of the effect of sulfur on the morphology and rheological properties of SB-and SBS-modified asphalt[J]. Journal of Applied Polymer Science, 2010, 115(6): 3409-3422.

[90] ZHANG Q, WANG T, FAN W, et al. Evaluation of the properties of bitumen modified by SBS copolymers with different styrene-butadiene structure[J]. Journal of Applied Polymer Science, 2014, 131(12): 40398 1-7.

[91] LEI Z, BAHIA H, YI-QIU T, et al. Mechanism of low-and intermediate-temperature performance improvement of reclaimed oil-modified asphalt[J]. Road Materials and Pavement Design, 2017: 1-13.

[92] WEIGEL S, STEPHAN D. Modelling of rheological and ageing properties of bitumen based on its chemical structure[J]. Materials and Structures, 2017, 50(1): 83.

[93] NAVARRO F J, PARTAL P, FRANCISCO J, et al. Novel recycled polyethylene/ground tire rubber/bitumen blends for use in roofing applications: Thermo-mechanical properties[J]. Polymer Testing, 2010, 29(5): 588-595.

[94] PADHAN R K, GUPTA A A, MOHANTA C S, et al. Performance improvement of a crumb rubber modified bitumen using polyoctenamer and cross linking agent[J]. Road Materials and Pavement Design, 2017, 18(4): 999-1006.

[95] BEHZADFAR E, HATZIKIRIAKOS S G. Viscoelastic properties and constitutive modelling of bitumen[J]. Fuel, 2013, 108: 391-399.

[96] LIANG M, LIANG P, FAN W, et al. Thermo-rheological behavior and compatibility of modified asphalt with various styrene-butadiene structures in SBS copolymers[J]. Materials & Design, 2015, 88: 177-185.

[97] BULATOVIĆ V O, REK V, MARKOVIĆ K J. Rheological properties and stability of ethylene vinyl acetate polymer-modified bitumen[J]. Polymer Engineering & Science, 2013, 53(11): 2276-2283.

[98] YULIESTYAN A, CUADRI A A, GARCÍA-MORALES M, et al. Influence of polymer melting point and Melt Flow Index on the performance of ethylene-vinyl-acetate modified bitumen for reduced-temperature application[J]. Materials & Design, 2016, 96: 180-188.

[99] SABOO N, KUMAR P. Optimum blending requirements for EVA modified binder[J]. Transportation Research Procedia, 2016, 17: 98-106.

[100] POLACCO G, STASTNA J, BIONDI D, et al. Relation between polymer architecture and nonlinear viscoelastic behavior of modified asphalts[J]. Current Opinion in Colloid & Interface Science, 2006, 11(4): 230-245.

[101] DUBOIS E, MEHTA Y, NOLAN A. Correlation between multiple stress creep recovery (MSCR)results and polymer modification of binder[J]. Construction and Building Materials, 2014, 65: 184-190.

参考文献

[102] ALATAŞ T, YILMAZ M. Effects of different polymers on mechanical properties of bituminous binders and hot mixtures[J]. Construction and Building Materials, 2013, 42: 161-167.

[103] HAN C D, BAEK D M, KIM J K, et al. Effect of volume fraction on the order-disorder transition in low molecular weight polystyrene-block-polyisoprene copolymers. 1. Order-disorder transition temperature determined by rheological measurements[J]. Macromolecules, 1995, 28(14): 5043-5062.

[104] LUO H, XIAO Z, CHEN Y, et al. Phase separation kinetics and rheological behavior of Poly(ethylene oxide)/ionic liquid mixtures with large dynamic asymmetry[J]. Polymer, 2017, 123: 290-300.

[105] 于志生, 刘平, 龙永强. 基于 Ginzburg-Landau 理论的相场法研究进展[J]. 热加工工艺, 2008(16): 94-98.

[106] LOEBER L, SUTTON O, MOREL J, et al. New direct observations of asphalts and asphalt binders by scanning electron microscopy and atomic force microscopy[J]. Journal of microscopy, 1996, 182(1): 32-39.

[107] PAULI A T, ROBERTSON R E, EGGLESTON C M, et al. Atomic force microscopy investigation of SHRP asphalts[J]. Preprints-American chemical society division of petroleum chemistry, 2001, 46(2): 104-110.

[108] 杨军, 龚明辉, PAULI TROY, 等. 基于原子力显微镜的沥青微观结构研究[J]. 石油学报(石油加工), 2015, 31(04): 959-965.

[109] 谭忆秋, 李冠男, 单丽岩, 等. 沥青微观结构组成研究进展[J]. 交通运输工程报, 2020, 20(06): 1-17.

[110] HOU Y, WANG L, PAULI T, et al. Investigation of the asphalt self-healing mechanism using a phase-field model[J]. Journal of Materials in Civil Engineering, 2015, 27(3): 04014118.

[111] KRINGOS N, SCHMETS A, SCARPAS A, et al. Towards an understanding of the self-healing capacity of asphaltic mixtures[J]. Heron, 2011, 56(1/2): 45-74.

[112] 易良平, 张丹, 杨若愚, 等. 基于相场法的裂缝性地层压裂裂缝延伸特征研究[J]. 油气藏评价与开发, 2022, 12(04): 604-616.

[113] 张子瑜, 郝林. 扩展有限元法在断裂力学相场模型中的应用[J]. 航空学报, 2022, 43(09): 475-485.

[114] 李彩霞. 基于扩展有限元法的裂纹扩展分析研究[D]. 成都: 西南交通大学, 2015.

[115] 朱海鹏, 刘子楠, 李双蓓, 等. 预设裂缝沥青复合小梁扩展有限元模拟[J]. 广西大学学报(自然科学版), 2018, 43(03): 1134-1142.

[116] LEI Y, CHENG T L, WEN Y H. Phase field modeling of microstructure evolution and concomitant effective conductivity change in solid oxide fuel cell electrodes[J]. Journal of Power Sources, 2017, 345: 275-289.

[117] LI D D, GREENFIELD M L. Chemical compositions of improved model asphalt systems for molecular simulations[J]. Fuel, 2014, 115: 347-356.

[118] FLORY P J. Thermodynamics of high polymer solutions[J]. The Journal of Chemical Physics, 1942, 10(1): 51-61.

[119] REDELIUS P, SOENEN H. Relation between bitumen chemistry and performance[J]. Fuel, 2015, 140: 34-43.

[120] ONER J, SENGOZ B, RIJA S F, et al. Investigation of the rheological properties of elasto-meric polymer-modified bitumen using warm-mix asphalt additives[J]. Road Materials and Pavement Design, 2017, 18(5): 1049-1066.

[121] YAN K, XU H, YOU L. Rheological properties of asphalts modified by waste tire rubber and reclaimed low density polyethylene[J]. Construction and Building Materials, 2015, 83: 143-149.